新装版

Mr. Evineの

## アルファベットから

30日間で
できる
書き込み式！

# 英語の基礎を
# なんとかするドリル

# まず、はじめに

皆さん、こんにちは。Evine です。この本を手にしていただいて、ありがとうございます。

初級者向けの英文法テキストを利用しようとする方の多くが、実はもう何冊かの類書に取り組んで挫折した経験がある方なのではないでしょうか・・・？
それもそのはず。英文法の勉強は非常に頭を悩ませるもので、特に超初級者の方にとっては、相性の良いテキストを探すのも一苦労なのです。
だから、挫折経験者も劣等感を抱く必要はありません！ 英語をゼロから学ぶこと、それには相当な忍耐と努力が必要で、初級者レベルを脱するまでの道のりが一番長く険しいのです。

本書の最大の特徴は、そういったビギナーレベルの方々の多くがマスターする前に挫折してしまう超コア（核）な文法項目（中１レベル）、この部分の完全習得をゴールとしたことです。
広く浅くではなく狭く深く、とことん親切な解説を心掛け、一般にはこの程度なら理解できるだろうとされてしまいがちな部分にも、しっかりと解説を加えています。
それゆえに、本書が、超初級英語学習者の皆さんに贈る、英文法テキストの決定版であると強く確信しています。

本書の中身を大まかに説明すると、なぞり書きをしながらレッスンのテーマをつかむことができる Introduction、レッスン内容の解説が収録された Input stage、そして覚えた知識を実際に使う Output Stage（演習）の３部構成となっています。
Introduction と Input Stage では、すべての新出単語にカタカナルビを振り、掲載されている英文については音声を収録しています。ですから、ネイティブスピーカーの音を確認しながら、音読練習もできます。
そして、Output Stage は、前回のレッスンの復習問題と、そのレッスンの演習問題の２本立てとなっていて、復習と新しい内容の演習を同時に行うことができる構成となっています。

中１レベルの超コア文法、まずはここを本書でなんとかしましょう！
そうすれば、これまで越えることができなかった壁を確実に越えることができるはずです。縁があって始めた語学、それを途中であきらめてしまうのはとてももったいないことです。本書での学習を通して皆さんの英語力の基礎がしっかり固まることを、心より願っています。

末筆になりましたが、本書刊行に際し『Mr. Evine の中学英文法＋αで「話せる」ドリル』に引き続きご尽力くださいました担当 Y.M. さんと（株）アルク英語出版編集部の皆さん、そして刊行に関わる全ての関係者の皆さまに改めて御礼申し上げます。そして、いつも陰ながら執筆を支えてくれる僕の家族にも感謝します。

# Contents

## Pre-Lesson

### アルファベットからはじめよう!

## Chapter 1

### 単語の扱い方を学ぼう!

## Chapter 2

### 単語から英文を作ろう!

# Chapter
# 3

## 動詞についての
## 新しい表現を知ろう!

## Proficiency Test

## 付録

# Chapter
# 4

## 表現の幅を広げよう!

# 別冊

## Answer Key
Output Stage、まとめ問題、
Proficiency Testの解答・解説

# この本の構成と使い方

この本は、英語の基礎の基礎である中1レベルの学習項目を、アルファベットから学べる1冊となっています。アルファベットから疑問詞を使った疑問文の作り方まで、英語の土台となる必須項目を30日間で学びます。

本書は、アルファベットや基本単語などを学ぶPre-Lesson、中1レベルの文法事項を学習するChapter 1〜4、そして本書の総仕上げとして設けられた全レッスン修了テストの、3つのセクションによって構成されています。

## Pre-Lesson

英語の基礎の基礎を学びます。

### Pre-Lesson 1

本書の学習は、英語の基礎の基礎、アルファベットから始まります。
なぞり書き、音声を聞きながらの音読練習を通して、「書いて・話して・聞いて」アルファベットを身に付けます。

### Pre-Lesson 2

英文を書くときに気を付けるべき基本ルールと、本書で登場する文法用語を押さえます。
英文の作り方については、Chapter 2以降でしっかり学びます。

### Pre-Lesson 3

基本単語と一言英会話表現を押さえます。
掲載されている語や一言会話表現は、収録されている音声を聞きながら音読練習をしましょう。

### Pre-Lesson まとめ問題

Pre-Lesson1〜3のまとめ問題です。学んだ項目が確実に定着しているかどうか、この演習で確認しましょう。

# Chapter 1-4

ここから、本格的な文法レッスンが始まります。

チャプターは4つあり、レッスンは全部で23あります。

1レッスンは、レッスンのテーマを明確にするためのIntroduction、文法解説が収録されたInput Stage、そして、学んだことを演習するOutput Stage、という3部構成です。

## Introduction

解説・なぞり書き・音読を通して、レッスン内容をしっかりとつかみます。

## Input Stage

中学1年で学ぶレベルの文法項目の解説が収録されています。

このステージでの学習を通して、英語の基礎をしっかり固めていきましょう。

トラック番号　なぞり書きをした語（語句）・英文と、Input Stage内の英文が収録されているトラック番号を示します。

学習した日を記入する欄

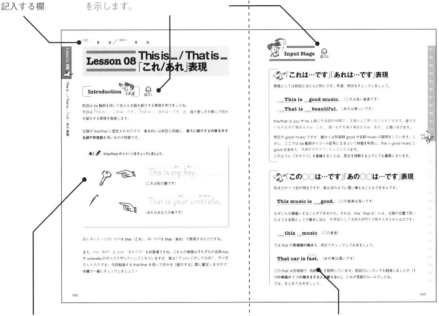

なぞり書きコーナー　学習する内容を含んだ語（語句）や英文のなぞり書きをしましょう。音声を聞いて、音読練習もしましょう。

このように、大きめの文字で表示されている英文については音声が収録されています（L. 07以降）。発音できるまで何度も音読練習をしましょう。

## Output Stage

Input Stageで学んだ内容を演習するStageです。「前レッスンの復習問題+その日に学んだレッスンの演習問題」の2本立てとなっていて、「書く・聞く・話す」演習が用意されています。

問題を解き終えたら、別冊のAnswer Key（解答集）で答え合わせをしましょう。ここでは、問題の解説に加え、関連する重要事項についても触れていますので、全ての解答に目を通すようにしてください。

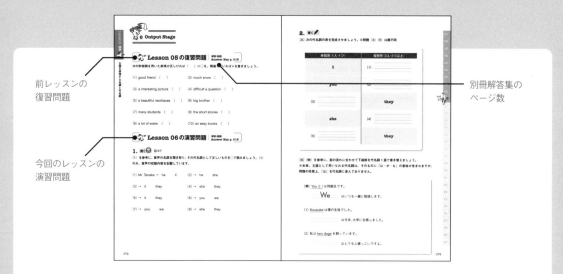

前レッスンの
復習問題

今回のレッスンの
演習問題

別冊解答集の
ページ数

## まとめ問題

各チャプターの終わりには、まとめ問題が収録されています。学んだことがしっかり身に付いているかどうか、この演習で習熟度を確かめましょう。

なお、「まとめ問題」の日は新しいことは学びませんので、各チャプターで学んだことをしっかり復習する日にするとよいでしょう。

1日1レッスンが一応の目安ですが、ご自分の学習ペースに合わせて無理のない範囲で進めてください。

## 全レッスン修了テスト

全てのレッスンとまとめ問題が終わったら、本書の総仕上げとして全レッスン修了テストに挑戦しましょう。本書で学んだことがどれくらい身に付いているか、ここで確認します。

習熟度は、別冊回答（p. 067）の自己評価チェックリストを参考にしてください。

## 付録：あれば嬉しいレッスン別単語リスト

本書で収録されたすべての単語を、レッスン別にリストにしました。

ぜひ独学に役立ててください。

### さあ、30日間で英語の基礎をなんとかしましょう!!!

♪ **音声のダウンロードについて（無料）**

本書では、音声マーク▶の箇所で学習のための音声をお聞きいただけます。音声はパソコンまたはスマートフォンで、無料でダウンロードできます。

●パソコンで　https://portal-dlc.alc.co.jp
上記のURLで「アルク・ダウンロードセンター」にアクセスの上、商品コード（7024070）で検索し、画面の指示に従って音声ファイルをダウンロードしてください。

●スマートフォンで
右のQRコードから学習用アプリ「booco」をインストールの上、ホーム画面下の「さがす」から、商品コード（7024070）で検索し、音声ファイルをダウンロードしてください。
詳しくはこちら　https://booco.page.link/4zHd

## Pre-Lesson

# アルファベットから
# はじめよう！

# Pre-Lesson 1 アルファベット 大文字・小文字

 **アルファベットの音読練習** 🎧 ▶01

アルファベットは全部で 26 文字あります。意外と軽視されがちなのがアルファベットの発音です。これが英語の音の基本ですので、音声にならって、しっかりと音読練習をしましょう！

**大文字**

| A | B | C | D | E | F | G |
|---|---|---|---|---|---|---|
| H | I | J | K | L | M | N |
| O | P | Q | R | S | T | U |
| V | W | X | Y | Z | | |

**小文字**

| a | b | c | d | e | f | g |
|---|---|---|---|---|---|---|
| h | i | j | k | l | m | n |
| o | p | q | r | s | t | u |
| v | w | x | y | z | | |

いかがでしたか？

とにかく何度も音読練習をしてください。少しずつ発音のコツを身に付けていきましょう！

 # なぞり書き練習

教科書などでは書き順を明記している場合もありますが、見た目が正確であれば問題ありません。書きやすい順番できれいに書く練習をすれば OK です。
それでは実際に、大文字と小文字を書く練習をしましょう！

## 1回目

A a B b C c D d E e F f G g

H h I i J j K k L l M m N n

O o P p Q q R r S s T t U u

V v W w X x Y y Z z

## 2回目

a A b B c C d D e E f F g G

h H i I j J k K l L m M n N

o O p P q Q r R s S t T u U

v V w W x X y Y z Z

# 注意すべきアルファベット

大文字から小文字にするときに間違いやすい組み合わせを確認しましょう。

大文字 B と D → 小文字 b と d

大文字 P と Q → 小文字 p と q

小文字では穴（丸）が向かい合わせになっていますね。混同しないようにしましょう。
では、練習しておきましょう!

B と D → b と d    P と Q → p と q

##  丁寧に書きたいアルファベット

雑に書いてしまうと混同されがちなアルファベットを確認しましょう。

D と O    h と n    i と j    u と v    g と q

## 最後にもう一度練習

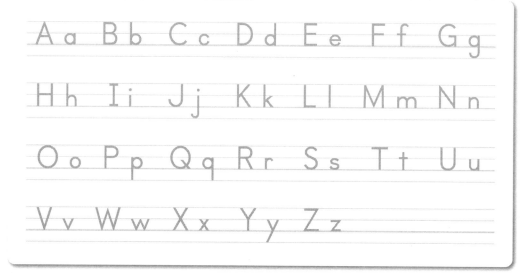

A a B b C c D d E e F f G g

H h I i J j K k L l M m N n

O o P p Q q R r S s T t U u

V v W w X x Y y Z z

# Pre-Lesson 2 英文の書き方、英語の素

## 🐕 英文で用いられる記号  ▶02

今日のレッスンではまず、英文作りに欠かせない基本的な記号を確認します。

なお、英文については、Chapter 2 以降でしっかり勉強しますのでご安心ください！

---

### I like Mt. Fuji. （僕は富士山が好きです）

**.** ピリオド（終止符）

疑問文以外の英文に用います。1つの英文がこれで終わりですよ、という合図で、日本語の「。」に当たるものです。

他に、Mt.（=mount[ain]）（…山）のように、略語を示すためにも用います。

---

### Do you like dogs? （あなたは犬が好きですか?）

**?** クエスチョンマーク（疑問符）

疑問文の文末に用います。「この英文は相手に確認、あるいは質問している英文ですよ」、という合図になります。

---

### Tom, do you like dogs? −Yes, I do.

（トム、あなたは犬が好きですか？ ―はい、好きです）

**,** コンマ［カンマ］（読点）

疑問文に対する返答文の yes/no の後ろや、人への呼びかけの前または後ろなどで用います。

---

### Ken's dog （ケンの犬） ／ I'm a teacher. （私は先生です）

**'** アポストロフィー

所有を示す形（Ken's dog）や単語と単語の短縮形（I'm=I am）などを作ります。

コンマとアポストロフィー、それぞれの位置に気を付けましょう。

---

## 🐕 英文の書き方ルール ▶03

これだけは知っておきたい、英文を書く上での基本ルールを確認しておきましょう。

（×）you like animals

（○）**You like animals.**（あなたは動物が好きです）

（×）do you like Animals

（○）**Do you like animals?**（あなたは動物が好きですか？）

英文の頭の1文字は、必ず大文字で始めます。文末にはピリオド（.）やクエスチョンマーク（？）などの記号を用いて、英文が完了したことを示してください。

原則として、最初の1文字以外はすべて小文字ですが、中にはルールを無視して文中でも大文字で自己主張をする単語もあります。

（×）Tom and i visit kyoto.

（○）**Tom and I visit Kyoto.**（トムと私は京都を訪れます）

（×）Ken and tomoko live in canada.

（○）**Ken and Tomoko live in Canada.**

（ケンとトモコはカナダに住んでいます）

「私は」を意味するI、そして人名や国名、地名などを表す単語の頭文字は、文中でも常に大文字になります。

（×）Mr. Ishida and ms. Tanaka are very nice.

（○）**Mr. Ishida and Ms. Tanaka are very nice.**

（イシダさんとタナカさんはとても素敵です）

（×）Many people climb mt. Fuji.

（○）**Many people climb Mt. Fuji.**

（たくさんの人たちが富士山に登ります）

他にも「…さん」「…様」などを表すMr.（男性に対して用いる）やMs.（女性に対して用いる）、そして「…山」を意味するMt.などの略語も頭文字は文中でも大文字です。

覚えることが多いと思うかもしれませんが、色んな英文に触れていく中で少しずつ慣れていきますので、安心してください。

## 実際に英文を書いてみましょう  ○04

では、英文の書き方ルールを整理しましょう。

実際に英文を書くときには、**単語と単語の間隔にも注意**してください。アルファベット1文字分を目安に間隔を開けましょう。

それでは、英文の書き方を実際に練習してみましょう!

アポストロフィー　　　　　ピリオド

### I'm happy.

（私は幸せです）

アルファベット
1文字分あけよう!

クエスチョンマーク　　　コンマ　　　　「私は」を表すIは
文中でも大文字

### Are you Evine? Yes, I am.

（あなたはエヴィンですか？ —はい、そうですよ）

人名の頭の文字は
文中でも大文字

大文字

### I called Ms. Miyazaki.

（私はミヤザキさんに電話しました）

Mr.やMs.などの略語の頭文字は
文中でも大文字

国名や地名の頭文字は
文中でも大文字

### Tom and I live in London.

大文字　　　　　　大文字

（トムと私はロンドンに住んでいます）

# 🐶 英語の素

本書でよく登場する文法用語を、簡単にまとめました。

| | |
|---|---|
| 語・語句 | アルファベット1文字だけでは意味はありません（冠詞 a は例外［L. 01、04 で学習]）。2文字以上のアルファベットが組み合わさると、意味を持った1つの言葉になります。そうしてできたものを**語（単語）**と呼びます。**cat**（ネコ）、**small**（小さな）など<br><br>そして、語（単語）が**他の語と合わさって2語（単語が2つ）以上になったものを、語句**と呼びます。**a big cat**（大きなネコ）、**a tall girl**（背の高い女の子）など |
| 名詞 | 「人」「もの」「事柄」などの名前を表す語です。**boy**（男の子）、**Evine**（エヴィン）、**water**（水）、**Kobe**（神戸）、**party**（パーティー、集まり）など |
| 代名詞 | **名詞を別の言い方にした、代わりの語**です。同じ名詞を繰り返さないために用いる、「彼」「彼女」「これ」「あれ」などに当たります。名詞 **Bob**（ボブ）→代名詞 **he**（彼）、名詞 **Nao**（ナオ）→代名詞 **she**（彼女）、**this**（これ）、**that**（あれ）など |
| 形容詞 | **名詞を説明する語**で、人や物事の「**性質**」「**状態**」「**形**」「**数量**」などを表します。**nice**（素敵な）、**quiet**（静かな）、**big**（大きな）、**square**（正方形の）、**many**（たくさんの）など |
| 副詞 | **名詞以外のさまざまな語を説明**し、主に「**場所**」「**時**」「**程度**」「**頻度**」「**様態**」などを表します。**here**（ここに）、**soon**（すぐに）、**usually**（たいてい）、**often**（しばしば）、**fast**（速く）など |

この後のレッスンではこれらの項目を丁寧に説明していますので、今の時点で理解できなくてもまったく問題ありません！
最終的にしっかり覚えるようにしましょう！

# Pre-Lesson 3　一言会話表現と基本単語

##  一言会話表現 ▶05

[初対面]

**1) Nice to meet you.**（初めまして）
**2) Nice to meet you, too.**（こちらこそ［初めまして］）

初対面の人とあいさつをする際に用いる定番表現です。返答文は、同じ文を言ってから文末に too を付ければ OK です。

[あいさつ]

**3) How are you? / How are you doing?**（調子はどうですか?）
**4) Great!**（元気ですよ！）
**5) Not bad.**（悪くないですよ）

3）は、実にさまざまな場面で使われる表現で、「お元気ですか?」の意味でも使われます。また、後ろに doing を用いた形も一般的です。
定番の返答文 Fine, thank you.（元気ですよ、ありがとう）のほかにも、実際には、4）、5）のようにいろいろな表現があります。

**6) Good morning.**（おはよう）
**7) Good afternoon.**（こんにちは）
**8) Good evening.**（こんばんは）
**9) Good night.**（おやすみ）
**10) See you later.**（じゃあ、またね）
**11) Goodbye.**（さようなら）

別れのあいさつの See you later. の later は、soon（すぐに）、tomorrow（明日）、on Monday（月曜日に）など、状況に応じたさまざまな語句で言い替えることができます。

[返事]

**12) Pardon?**（［聞き返すときに］何とおっしゃいましたか?）

相手の言ったことを正しく理解するために、もう一度繰り返し話してもらうために用いる表現です。
分からなかった場合は理解できたふりをするよりも、この表現を使って聞き返しましょう!

**13) Really?**（本当ですか?)
**14) I see.**（分かりました / 分かった)

14) の I see. は、相手の説明や話の内容を理解できたときに用います。

**15) All right.**（OKです / いいですよ)
**16) That's right.**（その通り)
**17) Me, too.**（私もです)

相手への賛同を示す表現ですね。That's right. の that は、**相手が直前に話した内容**を指します。

**[感謝]**
**18) Thank you. / Thanks.**（ありがとう)
**19) Thank you for your help.**（手伝ってくれてありがとう)
**20) You're welcome.**（どういたしまして)

19) は for の後ろに相手の行為（your help［あなたの助け］）を用いて、感謝の内容を具体的
に表した表現です。
相手の行為や気遣いに対する感謝の気持ちを言葉ではっきりと示すことが、コミュニケーショ
ンの基本ですね。

**[その他]**
**21) Be careful.**（注意してください)
**22) Excuse me.**（すみませんが)
**23) Here we are.**（[目的地に] さあ、着きました)
**24) Here you are. / Here.**（[物を差し出して] はい、どうぞ)

24) は相手に何かを差し出す際に用いる一言です。カジュアルな場面では you are を省略して、
Here. だけで表すことも可能です。

**25) How about you?**（あなたはどうですか?)

ある事柄について自分の考えや気持ちを伝えた上で、それについての相手の考えを尋ねる場
合に用いる表現です。

 曜日 ▶06

| 月曜日 | **Monday** | 金曜日 | **Friday** |
| 火曜日 | **Tuesday** | 土曜日 | **Saturday** |
| 水曜日 | **Wednesday** | 日曜日 | **Sunday** |
| 木曜日 | **Thursday** | | |

## 月と季節 ▶07

| 春 | 3月 | 4月 | 5月 |
| spring | **March** | **April** | **May** |
| 夏 | 6月 | 7月 | 8月 |
| summer | **June** | **July** | **August** |
| 秋 | 9月 | 10月 | 11月 |
| fall[autumn] | **September** | **October** | **November** |
| 冬 | 12月 | 1月 | 2月 |
| winter | **December** | **January** | **February** |

## 数字 ▶08

| 0 | zero | 6 | six | 12 | twelve | 18 | eighteen |
| 1 | one | 7 | seven | 13 | thirteen | 19 | nineteen |
| 2 | two | 8 | eight | 14 | fourteen | 20 | twenty |
| 3 | three | 9 | nine | 15 | fifteen | | |
| 4 | four | 10 | ten | 16 | sixteen | | |
| 5 | five | 11 | eleven | 17 | seventeen | | |

| 21 | twenty-one | 51 | fifty-one | 81 | eighty-one |
| 31 | thirty-one | 61 | sixty-one | 91 | ninety-one |
| 41 | forty-one | 71 | seventy-one | 100 | one hundred |

21 ～ 99 は twenty などの後にハイフン (-) を置き、one、two、three などを付けるだけです。
100 以降は one hundred (and) one（101）などのようになります。

 序数  ▶09

序数は「…番目」と順番を表現する数字です。
なお、日付を表すときは、基本的にこの序数を用います。例えば、It's September 7.（9 月 7
日です）の September 7 は September（the）seventh のように言います。

| 1番目 | first | 9番目 | ninth | 17番目 | seventeenth |
| 2番目 | second | 10番目 | tenth | 18番目 | eighteenth |
| 3番目 | third | 11番目 | eleventh | 19番目 | nineteenth |
| 4番目 | fourth | 12番目 | twelfth | 20番目 | twentieth |
| 5番目 | fifth | 13番目 | thirteenth | 21番目 | twenty-first |
| 6番目 | sixth | 14番目 | fourteenth | 30番目 | thirtieth |
| 7番目 | seventh | 15番目 | fifteenth | 31番目 | thirty-first |
| 8番目 | eighth | 16番目 | sixteenth | | |

一の位が「4 番目」以降は、語尾に th が付くのが基本です。
21 番目～ 29 番目は、「twenty ＋ ハイフン (-) ＋ 序数」の形になるので注意しましょう。
31 ～ 39、41 ～ 49、（中略）91 ～ 99 も同様の形になります。

## Pre-Lesson
# Review まとめ問題

Pre-Lesson 1〜3までの内容を、演習で簡単にチェックしましょう。
※曜日、月、季節、数字、序数の問題は、今回の演習には含んでいません。

解答・解説 **Answer Key p.002**

## 1. 書く ✎

[A]（例）を参考に、次の文字をアルファベットの順番になるように並べ替えましょう。
　（例）D B C　→ B C D

(1) R Q S　　(2) V T U　　(3) G I F H　　(4) M J L K

(1) _____　　(2) _____

(3) _____　　(4) _____

[B] 次の大文字で書かれた英単語をすべて小文字に直しましょう。

(1) DOG　　(2) QUIET　　(3) APPLE　　(4) BRIDGE

(1) _____　　(2) _____

(3) _____　　(4) _____

[C] 次の英文には、書き方のルールで誤っている個所があります。全文を正しく書き直しましょう。

(1) you work hard every day（君は毎日一生懸命に働きます）

(2) You and i are Good friends.（君と僕は親友です）

(3) Do you know osaka（あなたは大阪を知っていますか？）

## 2.

次の日本語を英語で表現したものを下から選び、記号で答えましょう。ただし、不要なものが1つあるので注意してください。

(1) じゃあ、またね。（　　）　　　(2) 分かりました。（　　）

(3) どういたしまして。（　　）　(4) はい、どうぞ。（　　）

(5) 本当ですか？（　　）　　　　(6) お元気ですか？（　　）

(7) 手伝ってくれてありがとう。（　　）

[選択肢]　(a) You're welcome.　(b) Pardon?　(c) I see.　(d) Thank you for your help.
　　　　　(e) See you later.　(f) Really?　(g) Here you are.　(h) How are you?

## 3.

次の言葉の説明文を下から選び、記号で答えましょう。

(1) 名詞　（　　）　(2) 形容詞　（　　）　(3) 副詞　（　　）

[選択肢]　(a) 名詞以外のさまざまな語を説明し、主に「場所」「時」「程度」「頻度」「様子」
　　　　　　　などを表す。
　　　　　(b)「人」「もの」「事柄」などの名前を表す。
　　　　　(c) 名詞を説明し、人や物事の「性質」「状態」「形」「数量」などを表す。

# Chapter

# 1

# 単語の扱い方を学ぼう!

# Lesson 01 名詞を数えましょう 〜単数形と複数形（1）〜

 **Introduction** ▶10

名詞とは「人や物」、「世の中の事柄」の名前を表す言葉です。
日本語にも、もちろん名詞はありますね。

 バナナ

この「バナナ」が名詞です。この名詞を知らなければ、「黄色くて、細長くて、皮をむいて食べる甘い果物」と説明しなければなりません。しかし、お互いに名詞を知っていると、相手に正確かつ簡単に伝えることができますよね。

言い換えると、自分が見るもの（考えること）を名詞に置き換えて相手に発信することができなければ、コミュニケーションはスムーズにいかないということです。

そこでまずは、英語における名詞のあれこれを勉強していきましょう！

**書く** ✏ 名詞のなぞり書きにチャレンジしましょう！

| | ア バナァナ | | バクス |
|---|---|---|---|
| バナナ | a banana / bananas | 箱 | a box / boxes |
| キャンディ | キャンディ a candy / candies | リンゴ | アン アポゥ an apple / apples |

それぞれ形が2種類ありますね。a/an が付いていたり、a/an はないけれども語尾に変化があったり…。

さあ、これらの形の秘密について、本編でしっかり学びましょう！

## Input Stage

 # 名詞の単数形と複数形

日本語の名詞では意識しないことですが、英語には**単数形**と**複数形**という区別があります。
それでは、apple（リンゴ）を例に確認してみましょう。

上の絵から分かるように、名詞が単数か複数かによって、名詞の形が変化（apple → apples）
しています。複数になると、語尾に s が付く変化が起こるようですね。

| 単数形 | 1人、1つ、1個など、「1」を示す形 |
| --- | --- |
| 複数形 | 2人、2つ、3冊、10匹など、とにかく「2」以上を示す形 |

お分かりでしょうか、つまり Introduction でチェックした名詞は、単数形と複数形を表し
ていたのですね。
今日のレッスンではまず、「1」を示す単数形の使い方を勉強します。（複数形については L.
02 で学びます）

# a/an ＋名詞の単数形

単数形は、名詞そのものの形は変化しません（辞書に載っているものと同じ形）。これはあ
りがたいですね。apple は apple のままです。
ただし、その前に数が「1（1つ／1個など）」であることを示す a/an が必要なのです。
（a/an にはほかの役割もありますが、それについては L. 04 で学びます。今回は、「**a/an ＋
名詞の単数形**」**ルール**をしっかり学びましょう）

| イメージ | ○ | × |
|---|---|---|
| 🍌 バナナ | a banana | banana |
| 🍎 リンゴ | an apple | apple |

このように、単数形の場合、**名詞そのものの形は変化しませんが、a か an が必要**なわけです。
日本語では会話や文の中で、わざわざ「バナナ1本」「リンゴ1個」とは言いませんよね。
しかし、**英語では、「1本、1個」を確実に表現**する必要があるので、「1」であることを a
か an を用いることによって明確にしないといけないのです。

##  a と an の使い分け

a と an の使い分けにはポイントがあります。
実は、名詞（単数形の名詞）の出だしの発音によって、a なのか an なのかが決まります。

例えば apple の場合、日本語の「ア」に近い音から始まります。この apple のように、名
詞の発音が**母音［a, i, u, e, o］（日本語の「ア・イ・ウ・エ・オ」に近い音）で始まる場合は、
リズムや言いやすさの関係で an になります。**

| 英単語 | ○ | × |
|---|---|---|
| banana | a banana | <u>an</u> banana |
| apple | an apple | <u>a</u> apple |

それでは、a/an ＋単数形の名詞の練習をしましょう。

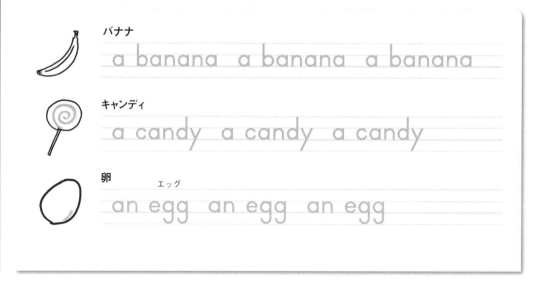

バナナ
a banana  a banana  a banana

キャンディ
a candy  a candy  a candy

卵　エッグ
an egg  an egg  an egg

箱

a box  a box  a box

木　チュリー

a tree  a tree  a tree

犬　ドーグ

a dog  a dog  a dog

タコ　アクタパス

an octopus  an octopus

ノート　ノウトブック

a notebook  a notebook

ミカン/オレンジ　オーリンヂ

an orange an orange  an orange

ボート　ボウト

a boat  a boat  a boat

OK でしょうか？　名詞の発音をしっかり意識しながら、a/an のどちらを使うかの判断を
してくださいね。

## Evine's Word

語学においては、誰もが最初は「初心者」です。焦る必要
はありません。地道に取り組めばいつかは必ず脱・初心者！

## ⚡ Output Stage

 **Lesson 01の演習問題** | 解答・解説 Answer Key p. 003

## 1. 話す😮 ▶11

音声を聞きながら、母音で始まる名詞の発音練習をしましょう。音声は、「名詞のみ」、「an ＋名詞」の順に聞こえます。

(1) apple      an apple      (2) onion      an onion

(3) egg      an egg      (4) octopus      an octopus

(5) orange      an orange      (6) hour      an hour

## 2. 聞く🎧 ▶12

音声を聞いて、発音された方を丸で囲みましょう。

(1) a animal      an animal      (2) a bag      an bag

(3) a hospital      an hospital      (4) a ant      an ant

(5) a year      an year

## 3. 書く✏️

[A]（例）を参考に、下の絵から<u>単数形で表せるもの</u>の記号を選び、その名詞を次ページに書きましょう。※順不同

| (a) | (b) | (c) | (d) | (e) | (f) |
|---|---|---|---|---|---|
|  |  |  |  |  |  |
| バナナ | タマネギ | タコ | キャンディ | 犬 | 箱 |

(例)( a ) a banana

(1) (　　)

(2) (　　)

(3) (　　)

[B] (例) を参考に、次の日本語の単数形の名詞を書きましょう。

(例)犬　　a dog

(1)ミカン/オレンジ

(2)ボート

(3)ノート

(4)タマネギ

(5)木

# Lesson 02 名詞を数えましょう ～単数形と複数形（2）～

## Introduction  ▶13

前回のレッスンでは、**英語の名詞には単数形と複数形があること**、そして**単数形**について詳しく勉強しましたね。

今日は、複数形をチェックします。覚えることが少し増えますが、レッスンを進めるうちに自然と頭に入りますので、安心してください！

名詞の複数形の作り方にはいくつかのパターンがあります。基本的には、名詞の語尾（お尻）のつづりや発音の特徴に合わせて語尾が変化します。

また、**語尾の変化に加えて、発音も大切になりますので注意**しましょう。

書く✏ 名詞の複数形を確認しましょう!

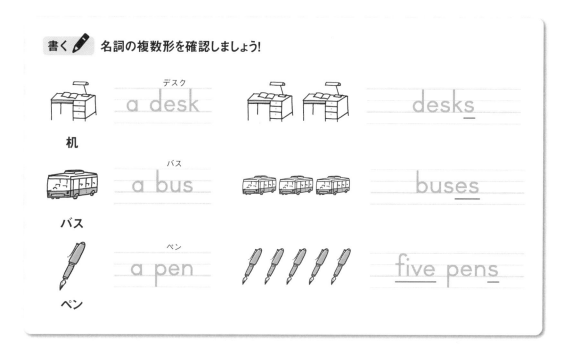

語尾の s と es、それぞれのパターンについてしっかり学んでください。また、数を具体的に示す単語（five）にも注目しましょう。

それでは、複数形について本編でたっぷり勉強しましょう！

## Input Stage

# 「2（2つ／2個など）」以上は複数形

名詞が単数の場合とは異なり、複数（「2」以上）のときは、何らかの語尾変化が生じます。
これが英語における名詞の原則です。

| 複数名詞 | | ○ | × |
|---|---|---|---|
| バナナ | バナナ | bananas | a banana |
| リンゴ | リンゴ | apples | an apple |

ポイントは、「1（1つ／1個など）」を示す a や an は、複数形の名詞には必要ないということ。そして、名詞の語尾（お尻）に「s」がくっ付くことです。これが複数形を示す形です。
つまり、この「s」があることによって、「この名詞は数が［2］以上ですよ」、ということが分かるのです。
英語はとにかく、「数」を大切にする言葉です。

# 複数形の名詞の作り方

それでは、複数形の名詞の作り方をチェックしましょう。
単数形は単純でしたが、複数形の作り方にはいくつかのパターンがあるので、それぞれ覚えなければなりません。早速チェックしましょう！

### パターン1：語尾に s を付ける

| バナナ | a banana ↓ bananas | 机 | a desk ↓ desks |
|---|---|---|---|

これぞまさに複数を表す基本形。単語の語尾（お尻）に s を付けるだけ！

## パターン 2：「ch、sh、s、x、z」の語尾には es を付ける

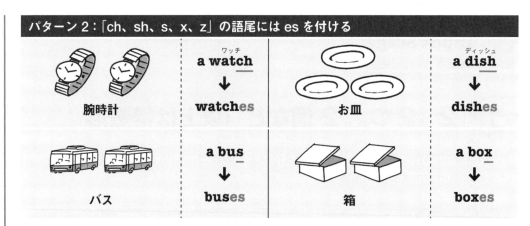

日本語の「ッチ」「ッシュ」「ス」「クス」「ズ」に近い音で終わる名詞の場合は、語尾に es を付けます。名詞の語尾の発音にも注目すればいいんですね。

## パターン 3：「子音字＋y」の語尾には y を消して ies にする

語尾が y のときはその手前の文字に注目してください。y の左隣の文字が**子音字（母音字 [a, i, u, e, o] 以外のすべての文字）**であれば、y を i に変えて es をくっ付けます。

## パターン 4：「f/fe」の語尾には f/fe を消して ves にする

そんなに数は多くありません。パターン 3 の y が f/fe になったイメージと考えてください。y は i でしたが、f/fe はなんと v になります。

※語尾が f/fe のすべての単語に当てはまるとは限りません。本書で挙げるものをまずは押さえてください。

## パターン 5：不規則に変化する

これはもう例外として、英文や演習などを通して1つ1つ覚えていくしかありません。まずはパターン1〜4までを完ぺきに覚えておき、そのパターンを基に語尾がどのように変化するかを考えてみましょう。その過程で例外的なものに出合った場合は、間違いをきっかけに、その都度覚えていくようにしてください。

以上が複数形の作り方のパターンです。
「s 変化＝複数形の名詞」をしっかりと覚えること、これが複数形マスターへの第一歩です！

# 「1」から「10」までの数

複数形をマスターしたら、具体的な数を示すための表現も一緒に覚えたいですね。
Pre-Lesson 3 でも出てきましたが、覚えているでしょうか?
今日のレッスンでは、「1〜10」までを再確認しましょう。

| | | | |
|---|---|---|---|
| 1 | a/an または one (ワン) | 6 | six (シクス) |
| 2 | two (トゥー) | 7 | seven (セヴン) |
| 3 | three (スリー) | 8 | eight (エイト) |
| 4 | four (フォア) | 9 | nine (ナイン) |
| 5 | five (ファイヴ) | 10 | ten (テン) |

a/an や one は単数形、two から ten は複数形で用います。

「1台の車」a car / one car (カー)

「10冊の本」ten books

それでは、1〜10までの数字を実際に書いてみましょう。

a library / one library

two boxes

three desks

four buses

five men

six candies

seven leaves

eight apples

nine bananas

ten knives

実際の会話では、「1」を表す場合、one ではなく a/an を用いるのが一般的です。
また複数形については、数を言わずに複数形だけを用いて不特定多数を表現することもよく
あります。それも一緒に覚えておきましょう。
一気に覚えるのは大変かもしれませんが、大切なことです。しっかり復習してくださいね。

# Output Stage

 ## Lesson 01 の復習問題 | 解答・解説 Answer Key p. 004

次の絵とそれを表す英語が一致していれば（　　）に○を、間違っていれば正しい英語を書きましょう。

(1) dog　　（　　）＿＿＿＿＿＿＿＿＿＿＿＿

(2) octopus　　（　　）＿＿＿＿＿＿＿＿＿＿＿＿

(3) a bird　　（　　）＿＿＿＿＿＿＿＿＿＿＿＿

(4) an hospital　（　　）＿＿＿＿＿＿＿＿＿＿＿＿

 ## Lesson 02 の演習問題 | 解答・解説 Answer Key p. 004

### 1. 話す 👄 ▶ 14

音声を聞きながら、複数形（-s/es/ies）の名詞の発音練習をしましょう。

発音する際には、以下のポイントを参考にしてください。音声は、「単数形」、「複数形」の順に聞こえます。

| パターン | 発音 | 発音ポイント |
| --- | --- | --- |
| 1 | ズ [z] | これが基本 |
| 2 | ス [s] | フ [f]　クッ [k]　プッ [p]　トゥ [t *1]　ス [θ *2] の音の後ろの s はこの音<br>*1　トゥ [t] の後ろに s をつけた場合は、t とくっついてツ [ts] と発音します。<br>*2　ス [θ] は舌先を上下の歯で軽くかんで息を出す音 |
| 3 | イズ [iz] | ス [s] ズ [z] シ [ʃ] チ [tʃ] ジ [ʒ] ヂ [dʒ] の音の後ろの es はこの音 |

パターン１：

(1) a dog　　　　dogs　　　　(2) a chair　　　chairs

(3) a ball　　　　balls　　　　(4) a bag　　　　bags

パターン２：

(1) a cake　　　　cakes　　　　(2) a cat　　　　cats

(3) a shop　　　　shops　　　　(4) a comic　　　comics

パターン３：

(1) a box　　　　boxes　　　　(2) a sandwich　　sandwiches

(3) a dish　　　　dishes　　　　(4) a bus　　　　buses

## 2. 聞く🎧

[A] 音声を聞いて、発音された方を丸で囲みましょう。 ▶15

(1)　cookie　　　cookies　　　(2)　class　　　classes

(3)　diary　　　diaries　　　(4)　rabbit　　　rabbits

(5)　week　　　weeks

[B] 音声を聞いて、（　　）に当てはまるものを下の選択肢から選びましょう。
　　なお、同じ記号を何度も用いても構いません。 ▶16

(1) (　　　) egg　　　　　　　(2) (　　　) tomato

(3) (　　　) apples　　　　　(4) (　　　) pen

(5) (　　　) octopuses　　　(6) (　　　) hour

(7) (　　　) chairs

[選択肢]

(a) a　(b) an　(c) three　(d) four　(e) two

## 3 書く✏️

[A] 次の単数形の名詞の複数形を書きましょう。

(1) a city _____  (2) a peach _____

(3) a child _____  (4) a wife _____

(5) a book _____  (6) a chair _____

(7) a dish _____  (8) a fox _____

(9) a class _____  (10) a man _____

[B] (1) を参考に、絵の名詞を a/an または数詞を用いて 2 語の英語で書きましょう。

(1) （指輪）×6   six rings

(2) （イス）×10 _____

(3) （都市）×3 _____

(4) （バス）×2 _____

(5)　（カバン）×5

(6)　（ミカン/オレンジ）×1

(7)　（本）×7

(8)　（卵）×9

(9)　（鉛筆）×8

(10)　（葉っぱ）×4

**Evine's Word**

１日 15 分でも構いません。学習を習慣にすること、
まずはそこを目指しましょう。塵も積もれば山となる！

# Lesson 03 数えられる名詞と数えられない名詞

## Introduction  ▶17

これまでのレッスンで、名詞の単数形と複数形を勉強しました。英語は、名詞の数が「1」なのか「2以上」なのかをハッキリと表現する必要があるのでしたね。

ところが、英語には、この**単数形や複数形を持たない名詞も存在するのです。**
単数形か複数形かは、その名詞が「1人・1つ」「2人・2つ」と数えられることを前提にしていますが、このような単数形・複数形の形を持つ名詞を数えられる名詞と呼びます。そして、**そんな形をまったく持たない名詞を**数えられない名詞と呼びます。
今日のレッスンでは、これらの名詞の違いを徹底的に学びます！

---

書く✏ 次の2つのグループを比較してみましょう。

**グループA**

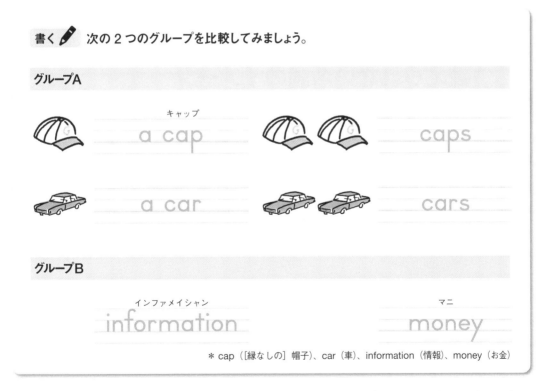

キャップ
a cap

caps

a car

cars

**グループB**

インファメイシャン
information

マニ
money

* cap（[縁なしの] 帽子）、car（車）、information（情報）、money（お金）

---

結論から言えば、グループBが数えられない名詞です。グループAと違いグループBの名詞には単数形を示すa/anがありませんし、複数形のs/esもありませんね。
さあ、両者の違いを本編でしっかり押さえましょう！

# 数えられる名詞のイメージ

まずは、数えられる名詞のイメージから確認していきます。

ある程度の明確な共通イメージを頭の中で描けるのが「数えられる名詞」です。

例えば、cap（帽子）や car（車）をイメージしてみましょう。

いかがですか？　一般的な共通イメージが容易に浮かんできますね。

このように、**数えられる名詞は「イメージ化」がしやすい**というのがポイントです。

# 数えられない名詞のイメージ

では、time（時）や information（情報）はどうでしょうか？
タイム

イメージを描こうにも、時間や情報のイメージなんて多種多様で、1つに定まりませんよね？

**頭で簡単に「イメージ化」ができない**、これが数えられない名詞の大きな特徴です。

# 世の中に1つだけのもの＝数えられない名詞

頭で簡単に「イメージ化」できない名詞に加えて、Japan（日本）、Mt. Fuji（富士山）、
ヂャパァン

English（英語）、tennis（テニス）など、**ほかに類のない唯一の存在**も数えられない名詞と
イングリッシュ　　　　　　テ ニ ス

されます。これはもう、**世の中に1つですので、数えられないというよりは数える必要は
ないもの**ですね。

「月曜日」　（○）**Monday**　（×）a Monday

「曜日」もほかに種類がありませんよね。常に原形（辞書に掲載されている形）で OK です。

# 数えられない名詞はネイティブの感覚で押さえる

では、money（お金）はどうでしょうか？
実はこの money、日本人が混乱する、数えられない名詞の代表的な例の1つなのです。
まずは、日本人とネイティブの抱くイメージを比較してみましょう。

money（お金）

| 日本人の感覚 | ネイティブの感覚 |
|---|---|
| | |

どうでしょうか。日本人の感覚では「お金」は数えられる物に区分されそうです。しかし、
**ネイティブスピーカーの感覚では money は具体的に「金額いくら」を示すわけではなく、
漠然とした**総称的なイメージなのです。

彼らにとって具体的なお金とは、dollar（ドル）や cent などの単位が付くものを指します。
「10 セント」「100 ドル」と**具体的な金額**が示されると「**数えられる名詞**」というイメージ
になるのです。一方 money は、具体的な金額を示すわけではないので、「数えられない名詞」
となるわけですね。

| **money**（お金） | 具体的な金額を示さない | 数えられない名詞 |
|---|---|---|
| **dollar**（ドル）/ **cent**（セント） | 具体的な金額を示す単位 | 数えられる名詞 |

このように、「お金」に対する発想の仕方が日本人とネイティブとでは違うわけです。
英語を学ぶ上では、彼らの感覚にも注目することが重要なのですね。

このほかにも、milk（牛乳）、water（水）、coffee（コーヒー）のように液体を表すものや、sugar
（砂糖）、salt（塩）、paper（紙）のように一定の形のないものなども数えられない名詞となります。

# 数えられる名詞には単数形と複数形がある

さて、L. 01 と 02 では名詞の単数形と複数形を勉強しましたが、これは「数えられる名詞」のみに適用されます。

一方、「数えられない名詞」の場合は、形の変化は一切ありません。

| | |
|---|---|
| **数えられる名詞** | **単数形と複数形の形がある** |
| **数えられない名詞** | **単数形と複数形の形がなく常に原形のまま** |

数えられる名詞の場合は、単数形の a/an が必要だったり、複数形の s/es の変化に注意したりしなければなりませんでしたね。

しかし、数えられない名詞は、形の上では単純です。単数形・複数形を持たないので、常に原形のままで OK なのです！

※原形は a/an も何も付かない形

| 名詞 | 種類 | ○ | × |
|---|---|---|---|
| **手紙** | **数えられる名詞** | レター<br>**a letter / letters** | **letter** |
| **お茶** | **数えられない名詞** | ティー<br>**tea** | **a tea / teas** |

「数えられない名詞」には、これまでに勉強してきた**単数形や複数形のルールは一切適用されません**。しっかり覚えましょう！

 # 数えられない名詞を「数える」には？

ところで、数えられる名詞は**単数形や複数形で、数の大小を示す**ことができましたね。

では、その形がない数えられない名詞の場合はどうしたらよいでしょう？

実は、いくつかの表現を用いて、大小の量を示すことができるのです。そして、その表現は名詞によって異なるのです。まずは代表的なものを覚えて、それから少しずつ表現のバリエーションを増やしていきましょう！

例えば、数えられない名詞 milk を見てみましょう。

| イメージ | 数えられない名詞 |
|---|---|
| | **milk** |

う～ん、このままでは数えようがありませんが、

| イメージ | 容器＋数えられない名詞 |
|---|---|
|  | **a glass of milk** <br> (グラァス) |

a glass of ...（グラス 1 杯の…）という表現を用いて容器に入れて考えれば、「1 杯」「2 杯」などの単位で数えられるようになるのです。

それでは、今日のレッスンでは次の 3 つを覚えましょう。

| 数えられない名詞の量を示す表現 | 例 |
|---|---|
| **a glass of ...**（グラス・コップ 1 杯の…） | **a glass of water**（グラス・コップ 1 杯の水） |
| **a cup of ...**（カップ 1 杯の…）<br>(カップ) | **a cup of coffee**（カップ 1 杯のコーヒー） |
| **a piece of …**（1 切れの…）<br>(ピース) | **a piece of paper**（1 枚の紙、紙切れ） |

この glass、cup、piece 自体は「数えられる名詞」です。例えば「1 杯の」は a glass of、「2 杯の」は two glasses of となります。

数えられない名詞 paper（紙）→「4 枚の紙切れ」とするには？

## （○）**four pieces of paper**
（×）four piece of paper / four papers

単数形 piece が複数形 pieces になっているのがポイントですね。

では、ほかの例も見てみましょう。

 **a glass of water**
（コップ 1 杯の水）

 **two glasses of water**
（コップ 2 杯の水）

 **a cup of coffee**
（カップ1 杯のコーヒー）

 **three cups of coffee**
（カップ 3 杯のコーヒー）

 **a piece of bread**（ブレッド）
（1 枚のパン）

 **two pieces of bread**
（2 枚のパン）

このように、具体的な数は、前に数詞（two、three など）を置くことで表現することがで
きます。

色々と注意点が増えてきましたが、本書を何度も読み返し、演習を通して、確実に基礎力を
養っていきましょう。十分に時間をかけてください！

# Output Stage

 **Lesson 02 の復習問題** | 解答・解説 Answer Key p. 006

次の絵とそれを表す英語が一致していれば（　　）に○を、間違っていれば正しい英語を書きましょう。

(1) ![orange]　an orange　（　　）　_____

(2) ![librarys]　librarys　（　　）　_____

(3) ![apples]　an apple　（　　）　_____

(4) ![children]　two childs　（　　）　_____

 **Lesson 03 の演習問題** | 解答・解説 Answer Key p. 006

**1.** 話す 🗣 ▶18

音声を聞きながら、数えられない名詞をどう表現するか、発音練習をしましょう。

（1）wine - a glass of wine - five glasses of wine

（2）tea - a cup of tea - three cups of tea

（3）sugar - a piece of sugar - two pieces of sugar

## 2. 聞く 🎧 ▶19

音声を聞いて、発音された方を丸で囲みましょう。

(1) a green     green      (2) birthday     birthdays

(3) a butter     butter      (4) an elephant    elephant

(5) lakes     lake      (6) food     foods

(7) name     names      (8) a grass     grass

## 3. 書く ✏

[A] (1)(2) を参考に、数えられない名詞には（　）に○を、数えられる名詞の場合はその複数形を書きましょう。

(1) water （○）_____    (2) orange （　） **oranges**

(3) dog （　）_____    (4) door （　）_____

(5) movie （　）_____    (6) baseball （　）_____

(7) love （　）_____    (8) bread （　）_____

(9) box （　）_____    (10) Friday （　）_____

(11) sock （　）_____    (12) salt （　）_____

[B]（1）（2）を参考に、次の日本語の単数形の名詞を書きましょう。ただし、数えられる名詞の場合は、a/an を付けましょう。

（1）宿題　　　homework　　　（2）アリ　　　an ant

（3）コーヒー

（4）手紙

（5）卵

（6）雨

（7）写真

（8）（縁なしの）帽子

（9）牛乳

（10）テニス

## Evine's Word

覚えられないのは、単に復習不足の場合が多いのです。
覚えられなければ、その分、復習量を増やしてみましょう！

名詞の前の a/an/the

# Lesson 04 名詞の前の a/an/the

## Introduction  ▶20

数えられる名詞の単数形で練習した a/an を覚えていますか？「1」であることを示す a/an、実はこの「1」のほかに、重要なニュアンスを含んでいるのです。

**a house**（1 軒の家）、**an apple**（1 個のリンゴ）

実は a/an は、「1」という数を伝えるだけではありません。次のような印象も相手に与えることができるのです！

**a house**（ある 1 軒の家）、**an apple**（ある 1 個のリンゴ）

そうなんです。a/an には「ある〜」というニュアンスがあるんですね。
そして、これとは対照的なものとして今日のレッスンで登場するのが、the です。「ザ・〇〇」という感じで私たちにはなじみがありますが、使い方には色々と工夫が必要です。
これら a/an/the は、名詞の前にくっ付く特徴から、冠詞と呼ばれています。

書く ✏️ a と the のイメージを比較してみましょう。

| a | the |
|---|---|
| a house | the house |

the はまさにこの矢印イメージ。話し手と聞き手の間で、矢印で示したような特定のイメージがあるものは the house、逆に特定イメージがないものは a house となります。
さあ、この冠詞が会話にどう影響するのか、本編でしっかり勉強していきましょう！

##  冠詞 a/an のおさらい

まずは基本を整理しましょう！

a/an は**数えられる名詞の単数形**にしか用いられませんでしたね。

| ○ | × |
|---|---|
| **a dog** | a water ...water は数えられない名詞 |
| **an egg** | an eggs ... 複数形に a/an は NG |

思い出しましたか？

また a/an は、数字の「1」を表現することができました。日本語ではさほど重要ではありませんが、英語では数を明確にしなければならないんでしたね。

##  冠詞 a/an の効果

それでは、a/an のもう 1 つの働きである、a/an の示す「不特定」「新情報」ニュアンスを学びましょう。

実は、a/an がくっ付いた名詞は、**相手にとって初めて耳にする言葉**であることを示すのです。また、話し手が相手はきっと知らないだろうなと推測する場合にも、a/an を用います。ですから、お互いに知っている人や物事を表す名詞には、a/an は使わないのです。

**聞き手にとって初耳の「ある男性」**

a man

##  冠詞 the の効果

続いて、初登場の the について学びましょう。

冒頭でも軽く触れましたが、the の基本的な訳は「その〜」です。この日本語からも、a/an

の「ある〜」の不特定イメージとは異なり、the には**特定イメージ**があることが分かります
よね。

| 「ある男性」 | 「その男性」 |
|---|---|
| a man | the man |

ただし、「the ＝その」はあくまでも便宜上の覚え方です。**実際には「その」と訳さない方**
**が自然**な場合もあります。大切なことは、**the はお互いにどの名詞のことを言っているのか**
**が分かっている状況で使う**、ということです。
では、次の2人の会話を見てください。

**A:** 寒いね。**The door**（ドア）を閉めてくれない？　**B: OK!**（了解！）

この会話が成り立つのは、お互いにどのドアのことを言っているのかが分かっているからで
すね。逆に**この状況で不特定の a door とするのは不自然**ということになります。

**A: The salt**（塩）を取ってくれない？　**B: OK!**（了解！）

「テーブルの上に乗っている / あなたのそばにあるその塩」というニュアンスが出るので、
このように数えられない名詞にも使えるのです。

どうでしょうか？　the のニュアンスには慣れてきましたか？
今後、例文や演習で the を見かけたときは、なぜ the が使われているのか考えてみてくだ
さい。the が使われている理由を感覚的に理解できるようになったときには、英語力もアッ
プしているはずです。

##  冠詞 the は数えられない名詞にも使える

特定イメージの the は、a/an のように数を示すわけではありません。
先ほどの例のように基本的にどんな名詞にもくっ付き、**その名詞を「その」と特定化する**こ
とができます。

| 数えられる名詞 | 単数形 | the bike (バイク) | その自転車 |
|---|---|---|---|
| | 複数形 | the bikes | それらの自転車 |
| 数えられない名詞 | | the money | そのお金 |

a/an は数えられる名詞の単数形のみに用いることができましたが、the は何でもありです。ただし、名詞を特定化する働きがあるので、明確に「その / あの」と言うときに使うということを押さえておきましょう。

# a/an/the のない無冠詞

今まで、英語における冠詞の重要性を学んできましたが、実は、a/an/the のいずれかの形がどんな名詞にも付くとは限らないのです。次のような名詞は通常、a/an/the を前に置かない無冠詞の状態で用いられます。

| 無冠詞の名詞 | ○ | × |
|---|---|---|
| 人の名前 | Evine（エビン） | an Evine |
| 国の名前 | Japan（日本）<br>America（アメリカ）(アメリカ) | a Japan<br>an America |
| 都市や町の名前 | London（ロンドン）(ランダン)<br>Karuizawa（軽井沢） | a London<br>a Karuizawa |
| スポーツや食事 | baseball（野球）(ベイスボーゥ)<br>lunch（昼食）(ランチ) | a baseball<br>a lunch |

残念ながら上の例が全てではありませんし、**慣用的に the を用いる表現**もあります。しかし、代表的なものは今後のレッスンを進める中で覚えていくようにしますので安心してください。まずは、このレッスンで学んだ冠詞 a/an/the の基本ニュアンスをしっかりと頭に入れましょう！

## Evine's Word

> 最初の理解度は 50% でも OK です。
> 最終的に 100%になればよいのです！

 **Output Stage**

 **Lesson 03 の復習問題** | 解答・解説 **Answer Key p. 008**

次の名詞の複数形を書きましょう。ただし、数えられない名詞の場合は（　　）に×を書きましょう。

（1）bed 　　　（　　）

（2）music 　　（　　）

（3）time 　　　（　　）

（4）class 　　　（　　）

（5）wife 　　　（　　）

（6）coffee 　　（　　）

（7）country 　　（　　）

（8）dollar 　　　（　　）

（9）bread 　　　（　　）

(10) money 　　（　　　）

## Lesson 04 の演習問題 | 解答・解説 Answer Key p. 009

**1.** 話す 🔊 ▶21

音声を聞きながら、「the ＋名詞」の発音練習をしましょう。

the は基本的にはカタカナの「ザ」に近い音 [ðə] ですが、母音始まりの名詞の前では言いやすさやリズムの関係で、「ズィ」に近い音 [ði] になります。音声は、「a/an ＋名詞」、「the ＋名詞」の順に聞こえます。

普通の **the**「ザ」：
- (1) a door — the door　(2) a boy — the boy
- (3) water — the water　(4) money — the money

母音の前の **the**「ズィ」：
- (5) an apple — the apple　(6) an octopus — the octopus
- (7) an oven — the oven　(8) an orange — the orange

**2.** 書く ✏

[A]（1）（2）を参考に、次の名詞の前に a/an/the のいずれかを書きましょう。ただし、（2）のように名詞によっては答えが 2 つの場合もあります。

(1) **the** water 　(2) **a/the** boy

(3) _____ doctor 　(4) _____ apples

(5) _____ computer 　(6) _____ days

053

(7) ＿＿＿＿＿＿＿＿＿ egg　(8) ＿＿＿＿＿＿＿＿＿ tea

(9) ＿＿＿＿＿＿＿＿＿ children　(10) ＿＿＿＿＿＿＿＿ students

[B]（例）を参考に、文脈に合った冠詞を選び○で囲みましょう。

（例）彼女には（( a )/ the ) baby がいます。( A /(The)) baby はとても可愛いです。

(1) **Evine:**　昨日、( a / the ) dictionary を買いました。

　　**You:**　　また買ったんですか？

(2) **You:**　　先週、新しい本屋さんがオープンしたんですよ。

　　**Evine:**　知りませんでした、( a / the ) bookstore はどこにあるんですか？

(3) **Evine:**　すみません、( a / the ) window を閉めてくれませんか？

　　**You:**　　分かりました！

[C] 下の選択肢の名詞のうち無冠詞（a/an/the がない）の状態で用いられる名詞を 5 つ選び、解答欄に書きましょう。※順不同

（1）＿＿＿＿＿＿＿＿＿＿　（2）＿＿＿＿＿＿＿＿＿＿

（3）＿＿＿＿＿＿＿＿＿＿　（4）＿＿＿＿＿＿＿＿＿＿

（5）＿＿＿＿＿＿＿＿＿＿

[**選択肢**] bike　New York　basketball　man　dinner　girl　Yukari
Australia

# Lesson 05 名詞を説明する形容詞

 **Introduction**  ▶22

a dog（犬）、boys（男の子たち）、the hotel（そのホテル）など、名詞についてはもうバッチリだと思います。

確かに、名詞を用いることで、伝えたいものが何であるかを理解してもらえますが、これって本当に最低限の情報ですよね？
その名詞が「どんなもの・どんな様子」であるのか、これも一緒に伝えることができれば、相手の理解も深まります。この、「どんなもの・どんな様子」であるのかを表す便利な働きをするのが形容詞です。形容詞はいつも名詞をサポートします。この形容詞をうまく活用すれば、コミュニケーションはよりスムーズになります！

書く✏️　形容詞のあるなしで、イメージの比較をしてみましょう。

| 名詞のみ | 形容詞＋名詞 |
| --- | --- |

**a house**（［ある1軒の］家）
**a blue house**（［ある1軒の］青い家）

違いは明確ですね！ blue（青色の）という名詞を説明する形容詞を用いたことで、ぼんやりとしたイメージの家から、「青い家」というより具体的なイメージに変わりました。

さあ、この表現力を生み出す便利な形容詞が具体的にどんな働きをするのか、本編でしっかり勉強していきましょう！

# Input Stage

 ## 名詞を説明する形容詞

それでは、形容詞の働きを詳しく勉強していきましょう。

| 名詞のみ | 形容詞＋名詞 |
|---|---|
| **a dog**（犬） | **a small dog**（小さな犬）<br>スモーゥ |
| **a test**（テスト）<br>テスト | **a difficult test**（難しいテスト）<br>ディフィカゥト |

名詞 a dog のままでは、詳しい姿かたちまでは想像がつきません。a test もこのままでは種類や難易度はさっぱり分かりませんね。

そこで今日学ぶのが、small（小さな）や difficult（難しい）などの**形容詞**です。
形容詞には、名詞を詳しく説明する働きがあります。ポイントは、**名詞のみを説明する**ということです！

 ## 「形容詞＋名詞」の語順

形容詞を置く場所は、サポートに好都合な名詞の直前が原則です。「形容詞＋名詞」の語順を覚えておきましょう。ということで、a/an/the の位置は形容詞の割り込みにより頭に移動（左にズレる）しますので、注意してください。

| ○ | × |
|---|---|
| **a big dog**（大きな犬）<br>ビッグ | big a dog |
| **an easy test**（簡単なテスト）<br>イーズィ | easy a test |

また名詞の前に形容詞を用いる場合、**形容詞の頭が母音かどうかで a と an を使い分ける必要があります。**
上の例の easy [íːzi] は、**母音で始まるので an** になるのですね。

ではここで、並べ替え練習をしましょう。

(1)「新しいコンピューター」computer / a / new
   ニュー　　　　　　　カンピューター

a new computer　　a new computer

(2)「面白い物語」interesting / story / an
   インタレスティング　　　ストーリ

an interesting story　　an interesting story

(3)「その背の高い木」tree / the / tall
   トーゥ

the tall tree　　the tall tree

Day
08

## 形容詞いろいろ

名詞の様子や形を説明する形容詞は、その働きの特徴を考えても分かるように、非常にたくさんあります。

今日は、その中でも、まず覚えておくべき形容詞のみをチェックしておきましょう！

### 大小

| big（大きな） | a big baby（大きな赤ちゃん） |
|---|---|
| small（小さな） | a small baby（小さな赤ちゃん） |

ベイビ

### 難易度

| difficult（難しい） | a difficult question（難しい問題） |
|---|---|
| easy（簡単な） | an easy question（簡単な問題） |

クウェスチャン

### 寒暖

| cold（寒い） | a cold winter（寒い冬） |
|---|---|
| hot（暑い） | a hot summer（暑い夏） |

コゥウド

ハット

名詞を説明する形容詞

### 新旧

| | |
|---|---|
| **new**（新しい） | **new books**（新刊書） |
| **old**（古い）<br>オウゥド | **old books**（古書） |

### 長短

| | |
|---|---|
| **long**（[時間・距離・長さが] 長い）<br>ローング | **long hair**（長い髪）<br>ヘアー |
| **short**（[時間・距離・長さが] 短い）<br>ショート | **short hair**（短い髪） |

### 様子・状態

| | |
|---|---|
| **good**（良い）<br>グッド | **good friends**（親友たち） |
| **bad**（悪い）<br>バァッド | **bad music**（ひどい音楽）<br>ミューズィック |
| **happy**（幸せな）<br>ハァピ | **a happy life**（幸せな人生）<br>ライフ |
| **interesting**（面白い） | **an interesting idea**（面白い考え） |
| **beautiful**（美しい）<br>ビュータファゥ | **a beautiful lake**（美しい湖）<br>レイク |

たくさん種類がありすぎて困ったものですが、本当によく目にする形容詞ばかりですから、継続して勉強していれば自然にマスターできます。安心してください。

また「形容詞＋名詞」の形を勉強するとつい**冠詞の存在を忘れがち**ですが、**名詞があればその名詞に対して用いる冠詞が常にあることを意識**しましょう。

「大きなライオン」

（○）**a big lion**　　（×）big lion

lion は数えられる名詞ですから冠詞を用いるか、複数形 big lions にしましょう。

「良い情報」

（○）**good information**　　（×）a good information

形容詞 good があっても冠詞をお忘れなく。数えられない名詞 (information) であれば a は不要です。

# 注意すべき形容詞 many/much/a lot of

実は形容詞の中には、後ろに来る名詞が数えられるのか、数えられないのかを考えないといけないものがあります。

「たくさんの」を意味する形容詞を例に、確認しましょう！

| 「たくさんの」を示す形容詞 | | 説明する名詞の種類 |
| --- | --- | --- |
| メニィ<br>many | ア ラット アヴ<br>a lot of | 数えられる名詞 |
| マッチ<br>much | | 数えられない名詞 |

(○) **many cards** (たくさんのカード)　(×) much cards

(○) **much water** (たくさんの水)　(×) many water

a lot of は便利で、数えられる名詞と数えられない名詞のどちらにも使うことができます。

(○) **a lot of cards**　(○) **a lot of water**

また、many と a lot of の形容詞を用いるときは、数えられる名詞は必ず複数形になります。「たくさんの」という意味は、その名詞が複数であることを示すからですね。

(×) many card　(×) a lot of card

# Output Stage

## Lesson 04 の復習問題 | 解答・解説 Answer Key p. 010

a/an/the の使い方が正しければ（　）に○を、間違っていれば×を書きましょう。

(1) an oranges （　）　　　　(2) an egg （　）

(3) the cars （　）　　　　　(4) the tea （　）

(5) a airport （　）　　　　　(6) the Osaka （　）

(7) balls （　）　　　　　　　(8) the movie （　）

(9) carrot （　）　　　　　　(10) a breakfast （　）

## Lesson 05 の演習問題 | 解答・解説 Answer Key p. 011

### 1. 聞く  ▶23

音声を聞いて、次の日本語をヒントに英語を書きましょう。

(1)「小さなネコ」

(2)「新しい机」

(3)「面白い授業」

(4)「その難しい宿題」

(5)「幸せな友人たち」

(6)「たくさんの夢」

(7)「たくさんの食料」

## 2. 書く

[A] 次の語を正しい順番に並べ替えましょう。

(1) black / a / cat

(2) an / novel / interesting

(3) beautiful / the / mountains

(4) of / ink / lot / a

[B] 次の語句の誤りを訂正し、正しいものを書きましょう。

（1）many father

（2）a old camera

（3）an small ant

（4）cold a season

[C] 次の形容詞の反対の意味を持つものを、下の選択肢から選んで書きましょう。ただし、必要のないものが1語ありますので注意してください。

（1）short ⟷

（2）easy ⟷

（3）hot ⟷

（4）big ⟷

（5）bad ⟷

[選択肢] good    cold    long    small    interesting    difficult

## Evine's Word

辞書の使い方を知るのも勉強です。
辞書には単語についての知識が満載です！

## Chapter 1
# Review まとめ問題 1

L. 01～05で勉強した内容の定着度を確認しましょう。
間違えた個所については、別冊回答集に記載されている参照レッスンを復習して、確実に
マスターしましょう！

解答・解説 **Answer Key p.012**

## 1. 聞く🎧

[A] 次の各組の複数名詞を聞きとり、複数形を示す語尾 s/es の発音パターンが同じであれば
○、同じでなければ×を書きましょう。▶24

(1) balls — pens （　　　）　　　(2) boxes — dishes （　　　）

(3) dogs — watches （　　　）　　　(4) cups — shops （　　　）

[B] （例）を参考に、「英数字 plus 英数字」を聞き取り、2つの数字を足した数を解答欄に英
語で書きましょう（plus は＋、「足す」という意味です）。▶25
（例）one plus one （答）two

(1) _____　　　(2) _____

(3) _____　　　(4) _____

## 2.

文法的に正しいものには○、間違っていれば×を書きましょう。

(1) （　　）book　　　（　　）two books　　　（　　）two book

(2) （　　）the salt　　　（　　）a salt　　　（　　）salts

(3) (　　　) a music　　　(　　　) good a music　　　(　　　) good music

(4) (　　　) an big egg　　　(　　　) a big egg　　　(　　　) big egg

## 3. 書く✏

[A] **次の日本語の意味になるように、（　　）に当てはまる語を書きましょう。**

(1) 背が高い木々

tall (　　　　　　　　　　)

(2) コップ 1 杯の水

(　　　　　　　　) (　　　　　　　　) of (　　　　　　　　)

(3) 新しい腕時計 ＊腕時計＝ watch

(　　　　　　　　) (　　　　　　　　)

(4) 多くの子どもたち ＊子ども＝ child

a (　　　　　　　) (　　　　　　　) (　　　　　　　)

(5) ある美しい女性

(　　　　　　　) (　　　　　　　) woman

[B] 次の単語を文法的に正しく並べ替えましょう。

（1）big / a / classroom

（2）CD / an / old

（3）short / stories / the

# Evine's Column

冠詞 a/an/the の使い分けはどうでしたか？ 考えれば考えるほど悩みますよね。でもご安心を。誰でも最初はそんなものです。日本語にはない感覚には、最終的には理屈よりも慣れるしかありません。心掛けるべき点は、常に「相手サイドに立って考える」ということです。「相手が知らないだろうな」という新情報には a/an、「お互いに知ってるよね」という旧情報には the を用いる、これが原則です。しかも、この原則や基本を押さえておけば、ある程度の会話は十分に成立させることができるのです。応用的・例外的なものについては、実際の会話の中で体験的に学んでいくようにするとよいでしょう。

# Chapter

## 2

# 単語から英文を
# 作ろう!

# Lesson 06 主語を表現する名詞と代名詞

## Introduction  🎧 ▶26

さあ、今日のレッスンからいよいよ「英文」について勉強していきます！

その英文に欠かせないのが**英文の主役、主語**です。日本語だと、「○○は英語の先生です」、「○○が授業をします」の「○○は（が・も）」に当たる部分が**主語**ですね。

英文の場合、この**主語になる語**は、すでに皆さん勉強済みの**名詞**（L. 01 ～ 03 参照）と今日のレッスンで勉強する**代名詞**です。代名詞とは読んで字のごとく、「**名詞の代わり**」をする語です。

では、名詞と代名詞の関係をチェックしてみましょう！

書く🖊 **左が名詞、右が代名詞です。**

| | | シー |
|---|---|---|
| Keiko | → | she |
| （ケイコ） | | （彼女） |
| Kentaro | → | he |
| （ケンタロウ） | | （彼） |
| a bird | → | it |
| （鳥） | | （それ） |

「性別」や「人か人以外」でそれぞれ代名詞の形が違う点に注目してください。**元の名詞が何であったか？**、これが代名詞を勉強するときのポイントになります。覚えることがどんどん増えていきますが、頑張りどころです。

それでは、代名詞の働きと種類について、本編で詳しく確認しましょう！

## Input Stage

## 名詞の繰り返しを避ける代名詞

英語は基本的に、1度登場した名詞は、2回目以降は代名詞で表現されます。つまり、大げさに言えば、話（会話）が進めば代名詞だらけの文も出てくるということです。
代名詞が理解できなければ、コミュニケーションはうまくいかないのですね。

**Asato**（アサトは）僕の息子です。**He**（彼は）2歳です。

話の流れの中で、名詞 Asato は代名詞 he に置き換えられました。**同じ名詞を何度も繰り返すのはくどいので、言い方を変えるわけですね。**
この、代名詞の主語として用いられる働きは、**次のレッスンでも重要**になります。しっかり覚えてください！

##  主語「私」と「あなた」を表す形

では早速、「私」、「あなた」を表す代名詞を整理しましょう。
「自分（話す人）」はI、そして「目の前の相手（聞く人）」を you で表します。

**I**（私は）あなたの親友です。**↔ You**（あなたは）私の親友です。

| グループ名 | 代名詞 |
|---|---|
| 1人称 | **I**（私は［が・も］） |
| 2人称 | **you**（あなたは［が・も］） |

「私」を**1人称**、「あなた」は**2人称**といいます。文法知識を整理する上での便利なグループ名ですので、この呼び名もついでに覚えておいてください。
また、Pre-Lesson 2 でも学習しましたが、「私は」を意味するIは、文頭以外でもIはIのまま、ずっと**大文字**です。一方 you は、文頭以外では小文字始まりです。注意しましょう。

## 第3者の主語「人」や「もの・ことがら」を表す形

次に、Iとyou以外の、3人称グループの代名詞を3つチェックします。

**Tatsuya**（タツヤは）僕の生徒です。**He**（彼は）シャイです。
**Sakiho**（サキホは）学生です。**She**（彼女は）元気です。
**The story**（その物語は）有名です。**It**（それは）面白かったです。

話の流れの中で、名詞から代名詞へと変化していることをしっかり押さえましょう。

| グループ名 | 名詞 | 代名詞 |
|---|---|---|
| 3人称 | Tatsuya | he（彼は［が・も］） |
| | Sakiho | she（彼女は［が・も］） |
| | the story | it（それは［が・も］） |

「性別」、そして「人以外」がポイントです。また「私」（1人称）と「あなた」（2人称）以外のすべては、3人称と覚えておきましょう。

なお、Lesson 03で学んだ数えられない名詞の代名詞は、必ずitになります。しっかり押さえておきましょう。

 ## 「私たち」「あなたたち」を表現する代名詞の複数形

ここまでチェックしたI、you、he、she、itは、すべて「1人」「1つ」を表す形です。言い換えると、代名詞の単数形です。でも、実際の会話において、主語が「1人」「1つ」だけということはありえませんよね。

今度は、「2人・2つ以上」を表現する代名詞の複数形をチェックしましょう。

**You と I**（あなたと私は）友だちです。**We**（私たちは）仲良しです。
（ウィー）

「あなたと私」＝「私たち」になるわけですね。
I（私は）の複数形はwe（私たちは）と覚えてください！

では、I（話す人）を含めずに目の前にいる話し相手youが2人以上になった場合はどうなるのでしょうか？
実は、目の前の人が何人になってもyou（あなたは）はyou（あなたたちは）のままなのです！
助かりますね〜。

| グループ名 | 代名詞の単数形 | 代名詞の複数形 |
|---|---|---|
| 1 人称 | **I**（私は［が・も］） | **we**（私たちは［が・も］） |
| 2 人称 | **you**（あなたは［が・も］） | **you**（あなたたちは［が・も］） |

##  2 人以上の第 3 者を表現する代名詞の複数形

では、次の例を見てみましょう。

**Tatsuya と Sakiho**（タツヤとサキホは）僕の生徒たちです。

**They**（彼ら［彼女たち］は）熱心です。
ゼイ

Day 10

**My dogs**（私の犬たちは）かわいいです。

**They**（彼ら［それら］は）僕のいやしです。

なんとこれは便利です。he、she、it の複数形は they 1 つです！
逆に言えば、they 1 つで最低 3 つの解釈ができるということですね。

| グループ名 | 代名詞の単数形 | 代名詞の複数形 |
|---|---|---|
| 3 人称 | **he**（彼は） **she**（彼女は） **it**（それは） | **they**（彼らは、彼女たちは、それらは） |

そして、**性別が混ざっても、人と物が混ざっても** they 1 つで OK です！

**Kenji と the dog**（ケンジとその犬は）公園にいます。

**They**（彼らは）いつも一緒です。

they の場合、違うタイプの名詞が一緒になる場合もあるのですね。
間違った解釈をしないよう、常に they の示す内容を意識しましょう！

# Output Stage

## Lesson 05 の復習問題 | 解答・解説 Answer Key p. 015

次の形容詞を用いた表現が正しければ（　　）に○を、間違っていれば×を書きましょう。

(1) good friend　（　　）　　　　(2) much snow　（　　）

(3) a interesting picture　（　　）　　(4) difficult a question　（　　）

(5) a beautiful necklaces　（　　）　　(6) big brother　（　　）

(7) many students　（　　）　　　(8) the short stories　（　　）

(9) a lot of water　（　　）　　　(10) an easy books　（　　）

## Lesson 06 の演習問題 | 解答・解説 Answer Key p. 015

**1.** 聞く 🎧 ●27

（1）を参考に、音声の名詞を聞き取り、その代名詞として正しいものを○で囲みましょう。（1）のみ、音声の収録内容を記載しています。

(1) Mr. Tanaka →　he　　　it　　(2) →　he　　　she

(3) →　it　　　they　　　(4) →　she　　　they

(5) →　it　　　they　　　(6) →　you　　　we

(7) →　you　　　we　　　(8) →　she　　　they

## 2. 書く✏️

[A] 次の代名詞の表を完成させましょう。※問題（3）（5）は順不同

| 単数形（1人・1つ） | 複数形（2人・2つ以上） |
|---|---|
| **I** | (1) _____ |
| **you** | (2) _____ |
| (3) _____ | **they** |
| **she** | (4) _____ |
| (5) _____ | **they** |

[B]（例）を参考に、話の流れに合わせて下線部を代名詞1語で書き替えましょう。
※本来、主語として用いられる代名詞は、そのものに「は・が・も」の意味が含まれますが、問題の性質上、「は」を代名詞に含んでおりません。

（例）You と I は同級生です。

　　　We　　　はいつも一緒に勉強します。

(1) Kousuke は僕の生徒でした。

　　　_____ は今年、大学に合格しました。

(2) 私は two dogs を飼っています。

　　　_____ はとても人懐っこいですよ。

(3) 私は a new car を買いました。

_____ はとても高かったです。

(4) 私、先週、you と Nao を映画館の前で見かけちゃったよ。

_____ はとてもお似合いでしたよ。

(5) Tom と the monkey はとても仲がいいね。

_____ は親子のようです。

(6) A lot of money が隠されていました。

_____ は母のへそくりでした。

## Evine's Word

**答えを覚えた演習を、もう一度解くことは無駄ではありません。なぜそうなるか自分で解説できるレベルを目指しましょう!**

# Lesson 07 主語＋be動詞＋形容詞・名詞

## Introduction   ▶28

いよいよ今日のレッスンから、今までに学んできた単語を使って英文を作っていきます。英単語だけの片言から、英文に磨きあげる作業に入りましょう！

とはいっても、実はこれまでに勉強してきた名詞や形容詞だけでは、英文を作ることはできません。これらの単語と一緒に用いて英文を作る働きをするのが、今日のレッスンで初めて登場する動詞です。

動詞には、大きく分けて2つの種類があります。今日はそのうちの1つ、「私は…です」「あなたは…です」などの表現を作る be 動詞を勉強します。

---

**書く 🖊** be 動詞をチェックしましょう。下線部に注目してください。

I am happy.　　　　　　　　　（私は幸せです）

You are beautiful.　　　　　　（君は美しいです）

Keiko is a teacher.　　　　　（ケイコは先生です）

They are new.　　　　　　　　（それらは新品です）

---

例文の am、are、is が **be 動詞**です。be 動詞を用いると、「（主語）は…です」の表現が作れるのですね。

be 動詞の形がバラバラなのが気になるところですが、**主語の特徴**をよーく見れば、ある規則性が見えてくるはずです。

また、形容詞の使われ方が、これまでに勉強したものと違いますよね？「形容詞＋名詞」の語順で後ろの名詞を説明するような働きではないようです。

それでは、単語から英文を作る方法について、しっかり学んでいきましょう！

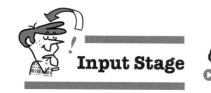

##  「(主語)は…です」表現を作る be 動詞

それでは、今日勉強する英文を早速見てみましょう。

主語（代名詞） **I** be動詞 **am** 名詞 **a student.** （僕は学生です）

主語（代名詞） **You** be動詞 **are** 形容詞 **good.** （あなたはすてきです）

例文の am/are が be 動詞です。この動詞を用いると、「私は…です」「あなたは…です」のように、**自分や相手のことを紹介する**表現を作ることができます。

| 今回の表現 | 主語＋ be 動詞＋名詞・形容詞<br>(主語)は…です。 |
|---|---|
| 表現の特徴 | 形容詞や名詞を使って主語の紹介をする |

「主語＋ be 動詞＋名詞・形容詞」の順番で単語を並べることで、「(主語) は…（名詞・形容詞）です」、と主語のことを誰かに紹介することができるのですね。
また、**主語には名詞・代名詞を用いる**ことも押さえておきましょう。

一見、be 動詞なしで例文の I や a student の単語だけでも言いたいことは伝わりそうですが、残念ながら be 動詞以外の単語（名詞や形容詞）だけでは英文としてまとまる力はありません。英文を作るには**必ず動詞が必要**になるのです。

## be動詞はイコール（＝）記号

be 動詞についてもう 1 つ押さえておきたいのは、「be 動詞はイコール記号に置き換えることができる」ということです。上の例文を使って、実際に確認しておきましょう。

**I am（＝）a student.** （僕＝学生）
**You are（＝）good.** （あなた＝すてき）

今後、動詞を勉強していく中でとても役立つ知識ですので、ぜひ覚えておいてください。

# 🐶 be動詞の後ろの形容詞と名詞の働き

今回の英文で登場した形容詞と名詞の働きは、これまでに学んだものとは異なっています。
ここで詳しく確認しておきましょう。

主語（代名詞）—**I am** 形容詞—**happy.** （私は幸せです）

形容詞 happy　→　主語 I の紹介

主語（代名詞）—**You are** 名詞—**a doctor.** （君は医者です）
ダクター

名詞 a doctor　→　主語 You の紹介

どうでしょうか。この形容詞や名詞のおかげで、I が happy な状態、You が a doctor の立
場であることが相手に伝わるわけですね。

| | すでに勉強した内容 | 新しく勉強した内容 |
|---|---|---|
| 名詞 | 主語になる | 主語の様子、状況や立場を紹介する働き |
| 形容詞 | 名詞の説明 | |

名詞や形容詞の働きは 1 つではないのですね。
大切なのは、その単語がどんな働きをしているのかに常に関心を持つことです。

# 🐶 be 動詞 am/is/are の使い分け

be 動詞の形は全部で 3 つあります。早速、まとめてチェックしましょう。

| 主語グループと形 | 代名詞の例 | be 動詞 |
|---|---|---|
| 1 人称・単数形 | **I** （私は） | am |
| 3 人称・単数形 | **he** （彼は）、**she** （彼女は）、**it** （それは） | is |
| その他すべての形 | **you** （あなたは・あなたたちは）<br>**we** （私たちは）<br>**they** （彼らは・彼女たちは・それらは） | are |

前回のレッスンで勉強した代名詞の主語グループ（1 人称・2 人称・3 人称）や、それが単
数か複数かによって be 動詞の形は決まるのですね。

**We are busy.** （私たちは忙しいです）
ビズィ

**You are students.** （君たちは学生です）

＊形容詞 busy （忙しい）

また当然、主語には名詞が使われることもありますが、**名詞を代名詞に切り替えて考えると**、どの be 動詞を使えばいいか判断できます。

それでは、例文を基に確認していきましょう。

**Kentaro** (=He) **is tall.** （ケンタロウは［彼は］背が高い）

**The book** (=It) **is old.** （その本は［それは］古い）

Kentaro は、「**男性の名前**」で**単数（1 人）**ですから he（彼は）に、the book は、「**人以外の物**」で**単数（1 つ）**ですから it（それは）にそれぞれ変換します。どちらも 3 人称・単数形なので、それに対応する be 動詞の形は **is** になりますね。

**The children** (=They) **are cute.** （その子どもたちは［彼らは］かわいい）

＊形容詞 cute（かわいい）

**The books** (=They) **are new.** （それらの本は［それらは］新しい）

共通ポイントは「主語が複数形の場合は are」ですね。

you は「あなたは」と単数の意味もありますが、複数「あなたたちは」の意味もあり、その場合の you are ... は複数扱いとなります。

別の覚え方をすれば、I、he、she、it 以外はまとめて全部 are で受ける！
まずは am、is を使う主語を覚えておき、残りは are としましょう。

be 動詞を使いこなすためにも、主語の形を示す代名詞の種類、単数・複数の考え方、そして名詞や形容詞についても、しっかり復習しておきましょう。

# Output Stage

 **Lesson 06 の復習問題** | 解答・解説 Answer Key p. 017

名詞から代名詞への切り替えが正しければ（　）に○を、間違っていれば正しいものを書きましょう。

(1) the sister　→　she　　　　　（　　）

(2) Ken and the dog　→　it　　　（　　）

(3) the brother　→　he　　　　　（　　）

(4) you and Keiko　→　you　　　（　　）

(5) a lot of houses　→　it　　　（　　）

(6) cars　→　they　　　　　　　（　　）

(7) a lot of information　→　it　（　　）

(8) five T-shirts　→　they　　　（　　）

(9) a lot of money　→　they　　（　　）

(10) you and I  →  you          (      )  _____

 **Lesson 07 の演習問題** | 解答・解説
Answer Key p. 017

## 1. 話す👄 ▶30

音声を聞きながら、主語と be 動詞の短縮形の発音練習をしましょう。

実際の会話では、下のポイントのようにしばしば主語と be 動詞をくっ付けます（短縮）。音声は、「普通の形」、「短縮形」の順に聞こえます。

| 普通の形 | 短縮形を用いた形 |
|---|---|
| **I am ...** | **I'm ...** |
| **he [she/it] is ...** | **he's ... / she's ... / it's ...** |
| **you [we/they] are ...** | **you're ... / we're ... / they're ...** |

(1) I am OK.  →  I'm OK.      (2) He is tall.  →  He's tall.

(3) She is cute.  →  She's cute.    (4) It is bad.  →  It's bad.

(5) You are good.  →  You're good.  (6) We are happy.  →  We're happy.

(7) They are nice.  →  They're nice.

## 2. 書く✏

[A] 次の英文の be 動詞（下線部）の形が正しければ（  ）に○を、間違っていれば正しいものを書きましょう。

(1) Ken <u>are</u> busy.         (      )  _____

(2) We'<u>re</u> great.          (      )  _____

(3) You and I <u>am</u> English teachers. （　　　）

(4) Many students <u>are</u> good. （　　　）

[B] 例を参考に、次の英文の誤りに下線を引き、訂正して全文を書き直しましょう。

（例）　I <u>are</u> a student.　→　I **am** a student.（私は学生です）

(1) Linda are busy.

(2) You are a nice.

(3) The movie is an interesting.

(4) The movies is interesting.

## Evine's Word

単語の綴りと訳を覚えるだけでなく、英文の中で
どのように使うのか ( 語法 )、これも常に意識しましょう！

# Lesson 08 This is ... / That is ... 「これ/あれ」表現

**Introduction** ▶31

前回は be 動詞を用いて色んな主語を紹介する表現を学びましたね。

今日は This is ...（これは…です）、That is ...（あれは…です）と、指で差し示す感じで何か
を紹介する表現を勉強します。

主語が this/that に固定されるだけで、基本的には前回と同様に、**後ろに紹介する内容を示す
名詞や形容詞**を用いるのが特徴です。

書く✏️ this/that のイメージをチェックしましょう。

This is my key.
（これは私の鍵です）

That is your umbrella.
（あれはあなたの傘です）

話し手にとって近いものを this（**これ**）、遠いものを that（**あれ**）で表現するわけですね。

また、my（私の）と your（あなたの）も初登場ですね。これらの単語はそれぞれの名詞 key
や umbrella の持ち主を明らかにしてくれていますが、実は I や you と同じ代名詞で、形が変
化したものです。今回勉強する this/that を用いて何かを「紹介する」際に重宝しますので、
本編で一緒にチェックしましょう！

## Input Stage 🎧 ▶32

### 🐕「これは…です」「あれは…です」表現

表現としては前回とほとんど同じです。早速、例文をチェックしましょう。

代名詞 **This is** 名詞 **good music.** （これは良い音楽です）

代名詞 **That is** 形容詞 **beautiful.** （あれは美しいです）

this/that は you や he と同じ代名詞の仲間で、主語として用いることができます。指で近いものを示す場合は this（これ）、遠いものを指す場合は that（あれ）、と使い分けます。

例文の good music ですが、細かくは形容詞 good が名詞 music の説明をしています。しかし、ここでは be 動詞がイコール記号になるという特徴を利用し、this = good music と good を含めた「名詞のカタマリ」としてとらえます。

このように「カタマリ」を意識することは、英文を理解する上でとても重要になります。

### 🐕「この○○は…です」「あの○○は…です」表現

先ほどの1つ目の例文ですが、実は次のように言い換えることもできるんです。

**This music is** 形容詞 **good.** （この音楽は良いです）

なぜこんな順番にすることができるのか。それは、this（that も）には、主語の位置で用いたような名詞としての働きに加え、形容詞として名詞を説明する働きもあるからなのです！

形容詞 **this** 名詞 **music** （この音楽）

では that の形容詞の働きも、例文でチェックしておきましょう。

**That car is fast.** （あの車は速いです）
　　　　　　　ファスト

この that は形容詞で、名詞 car を説明しています。前回のレッスンでも勉強しましたが、「1つの単語が1つの働きをするとは限らない」、これが英語のルールでしたね。

では、まとめておきましょう。

| this<br>※近いものを指す | This is ... | これは…です（**名詞の働き**） |
| | This ○○ is ... | この○○は…です（**形容詞の働き**） |
| that<br>※遠いものを指す | That is ... | あれは…です（**名詞の働き**） |
| | That ○○ is ... | あの○○は…です（**形容詞の働き**） |

## this/that の複数形

this/that は、紹介するものが複数になれば形が変化します。

**This is a new key.** （これは新しい鍵です）

→ <u>These</u> **are new keys.** （これらは新しい鍵です）
　　ディーズ

**That is a wild rabbit.** （あれは野生のウサギです）
　　　　　　ワイゥド

→ <u>Those</u> **are wild rabbits.** （あれらは野生のウサギです）
　　ゾウズ

単数 a new key から複数 new keys、単数 a wild rabbit から複数 wild rabbits と、**紹介内容が単数から複数になったので**、単数形 this（これ）から複数形 these（これら）、単数形 that（あれ）から複数形 those（あれら）になります。そして、be 動詞も is から are へと変化します。

また、複数の場合も、形容詞の働きとして次のように言い換えることが可能です。

↔ <u>These</u> **keys are new.** （これらの鍵は新しいです）

↔ <u>Those</u> **rabbits are wild.** （あれらのウサギは野生です）

## 「〜の」と所有を表現する代名詞の形

ここからは、「〜の」という意味を持つ代名詞の新しい形を学びます。

**This is** <u>my</u> **racket.** （これは私のラケットです）
　　　　　　ラァキト

**That is** <u>your</u> **T-shirt.** （あれはあなたの T シャツです）
　　　　　　　　　ティ シャート

代名詞 my（私の）、your（あなたの）は、働きとしてはまるで形容詞のように後ろの名詞

（racket、T-shirt）につながり、その名詞が誰のものなのか（所有者）を相手に伝えます。ではここで、代名詞についてまとめておきましょう。

| 日本語 | 主語・単数<br>（…は） | 所有・単数<br>（…の） | 日本語 | 主語・複数<br>（…は） | 所有・複数<br>（…の） |
|---|---|---|---|---|---|
| 私 | I | my | 私たち | we | our（アゥア） |
| あなた | you | your | あなたたち | you | your |
| 彼 | he | his（ヒズ） | 彼ら | | |
| 彼女 | she | her（ハー） | 彼女たち | they | their（ゼア） |
| それ | it | its（イッツ） | それら | | |
| トム | Tom | Tom's | 子どもたち | children | children's |

## This is <u>my</u> dog.　（この子が［これが］私の犬です）

## That is <u>its</u> doghouse.　（ドーグハウス）（あれがこの子の［それの］犬小屋です）

its を it's（= it is）としないように注意しましょう。its と it's はまったく別の表現です。また、名詞に「's」（アポストロフィー・エス）を付けると、「…の」と具体的な名前を使って持ち主を表すことができます。

## That is <u>Runa's</u> doghouse.　（あれはルナの犬小屋です）

実はこの my や your など「…の」を意味する代名詞の形は、冠詞 a/an/the と一緒に用いることができません。しっかり押さえておきましょう！

　（×）This is a my dog.

a は「1」「ある〜」、my は「私の」と、それぞれ異なるニュアンスを持っているので、一緒に用いることはできないのですね。

このレッスンでは覚えることが一気に増えましたが、ここが頑張りどころです！
一度に覚える必要はありません。ご自分のペースで本文の精読と演習を繰り返し、確実に習熟度をアップさせていきましょう。

## Output Stage

 **Lesson 07 の復習問題** | 解答・解説 **Answer Key p. 018**

次の英文に誤りがなければ（　　）に○を、誤りがあれば訂正し解答欄に全文を書きましょう。

(1) He's a doctor.　　（　　）

(2) You're a kind.　　（　　）

\*形容詞 kind（親切な）

(3) A lot of food is ready.　　（　　）

\*形容詞 ready（準備ができた）

(4) It is good book.　　（　　）

(5) Nao and Maria is great.　　（　　）

 **Lesson 08 の演習問題** | 解答・解説 **Answer Key p. 019**

**1.** 聞く🎧 ▶33

（例）を参考に、音声を聞いて英文と合った絵の記号を○で囲みましょう。

（例）This is my guitar.（これは私のギターです）

(1)

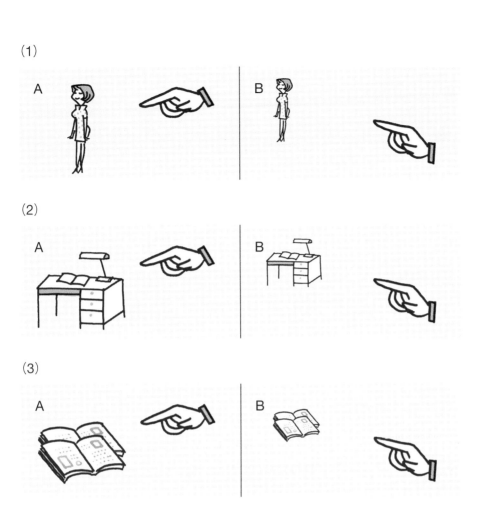

(2)

(3)

# 2.

次の英文を言い替えたものとして、正しい英文の記号を○で囲みましょう。

※問題 (3) (4) は下線部の英文を言い換えたものを選んでください。

(1) These are good trumpets.

    a. These trumpets are good.    b. These trumpet is good.

(2) That house is new.

    a. That is new house.    b. That is a new house.

(3) <u>That is Ayako's jacket.</u> It is nice.

    a. That is a her jacket.    b. That is her jacket.

(4) <u>This is my father's car.</u> It is very old.

    a. This is his car.    b. This is my his car.

## 3. 書く🖉

[A] 次の日本語の意味になるように、(　　) 内の語 (語句) を正しく並べ替えましょう。

(1) こちらは彼女のお兄さんです。( her / this is / brother ).

_____

(2) あの図書館は古いです。( old / library / is / that ).

_____

(3) それの名前は面白いです。( name / funny / is / its ). ＊形容詞 funny (面白い、こっけいな)

_____

(4) あれらは彼女たちのカップです。( are / their / those ) cups.

_____

[B] (例) を参考に、下線部を (　　) 内の語に変えて全文を書き替えましょう。

(例) This is a nice picture. (これはすてきな絵です) (These)

(答) These are nice pictures. (これらはすてきな絵です)

(1) **This** is my homework. (These)

_____

(2) That **house** is new. (houses)

_____

(3) **These** are wonderful. (This)

_____

(4) **Those** are old shrines. (That)

＊名詞 shrine (神社)

# Lesson 09 一般動詞の表現「(主語)が…する」

## Introduction  ▶34

L. 07、08 では、be 動詞（am/is/are）を使って、「(主語) は…です」と主語の様子や状況を相手に伝える表現を勉強しましたね。

今日は、その主語が「具体的に何をするのか」を伝える一般動詞（be 動詞以外のすべての動詞）を勉強します。この一般動詞は、be 動詞では表現できなかった、「主語の具体的な動き」を表すことができます。

書く✏ be 動詞と一般動詞を比較してみましょう。

プレイアー
I am a tennis player.

（私はテニス選手です）

プレイ
I play tennis.

（私はテニスをします）

上の例文を見ると、be 動詞 am（…です）の方は具体的な動きを示していませんね。

一方、下の一般動詞 play（…をする）を用いた英文では、「具体的な動き」が表現されています。これが両者の大きな違いです。

それでは、一般動詞について、詳しくは本編でチェックしていきましょう！

 **Input Stage**  ▶35

##  一般動詞の表現「（主語）は～を…する」

形容詞や名詞を後ろに置いて、主語の様子や状況を表現するのが be 動詞でしたね。
今日勉強するのは、主語の具体的な動作を表す一般動詞です。

I <u><sub>be動詞</sub>am a singer.</u>（私は歌手です）
<sup>スィンガー</sup>

I <u><sub>一般動詞</sub>sing that song.</u>（私はあの歌を歌います）
<sup>スィング</sup> <sup>ソーング</sup>

You <u><sub>be動詞</sub>are a teacher.</u>（あなたは先生です）

You <u><sub>一般動詞</sub>teach English.</u>（あなたは英語を教えます）
<sup>ティーチ</sup>

be 動詞と一般動詞、この 2 つの働きの違いが分かりましたか？
be 動詞はとても単純に主語の様子、状況、そして立場などを示すのに対して、一般動詞は「（主語）は～を…する」と主語の具体的な動作を表すのですね。
また、be 動詞を用いた英文では、a singer や a teacher を伴って単純に主語の立場（職業）が表されています。一方、一般動詞を用いた例文では、「歌う内容」である that song や「教える内容」である English を伴い、主語の具体的な動作が表現されているんですね。

##  動作の内容や対象を示す目的語

さて、be 動詞の後ろには、主語の説明をする**形容詞や名詞**が置かれましたね。

He is <u><sub>名詞</sub>my brother.</u>（彼は私の弟［兄］です）
<sup>ブラザー</sup>

My brother is <u><sub>形容詞</sub>happy.</u>（私の弟［兄］は幸せです）

一方、一般動詞の後ろはどうでしょうか？
では早速、一般動詞の後ろの単語に注目してみましょう。

You play <u><sub>名詞</sub>soccer.</u>（あなたはサッカーをします）
<sup>サカー</sup>

結論から言いますと、この一般動詞、後ろには名詞のみを置くという特徴があります。また、be 動詞で用いた形容詞や名詞とは異なり、直接に主語の説明をしているわけではありません。一般動詞の後に置かれる名詞は、動作の内容や対象を示すというのが大きなポイントです。

**I like** 名詞 **sushi.** （私は寿司が好きです）
　　　ライク

like を用いて、「…が好き」と気持ちの対象を表しています。つまり、主語（ I ）の好きな物（ sushi ）を動詞の後ろに置いた表現になっているのです。そして、このような動作の内容や対象を示す名詞を、別名、目的語と呼びます。

文法用語は嫌がられますが、この「目的語」は、どんな文法書にも載っている言葉ですから、覚えて損はありません。頑張って覚えてくださいね！

**You study** 目的語 **English.** （あなたたちは英語を勉強します）
　　　　スタディ

**I want** 目的語 **a new bag.** （私は新しいカバンが欲しいです）
　　　ワント　　　　バッグ

English は「勉強する内容」（動作の内容）、a new bag は「欲しい物」（気持ちの対象）を示している目的語ですね。

## 🐕 一般動詞の語尾変化

be 動詞は、主語に合わせて am、is、are と形の変化がありましたが、実は一般動詞にもそれが当てはまります。ただし、「主語が he/she/it のときだけ一般動詞の語尾に s が付く」、という限定的な変化となります。

**I play baseball.** （私は野球をします）
**He plays baseball.** （彼は野球をします）

**We eat tofu.** （私たちは豆腐を食べます）
　　　イート

**She eats tofu.** （彼女は豆腐を食べます）

**We need water.** （私たちは水が必要です）
　　　ニード

**It needs water.** （それは水が必要です）

動詞は常に、主語に合わせて変化させる、という意識を持つことが大切ですね。
この語尾に付いた s は、he/she/it を 3 人称単数と呼ぶため、**3 人称単数現在形の s**、略し

て「3単現のs」と呼ばれます。

sの付く語尾変化には、**名詞の複数形**（L. 02を参照）と似たパターンがありますので、最後にまとめておきましょう。

| パターン | 原形 | 3単現のs | ポイント |
|---|---|---|---|
| 1 | play（…をする） | play**s** | ほとんどの動詞は語尾にs |
| 2 | wash（…を洗う）ワッシュ | wash**es** | 語尾「s、sh、ch」→語尾にes |
| 3 | study（…を勉強する） | stud**ies** | 語尾「子音字＋y」→yがiesになる |
| 4 | have（…を持っている）ハヴ | has | 不規則に変化 |

**He plays chess.** （彼はチェスをします）チェス

**She washes a lot of dishes.** （彼女はたくさんのお皿を洗います）

**Bill** (=He) **studies Japanese.** （ビルは日本語を勉強します）ヂャパニーズ

**The hotel** (=It) **has a nice pool.** （そのホテルにはすてきなプールがあります）ナイス プーゥ

Bill = he、the hotel = it と、頭の中で代名詞に置き換えて考えることがポイントですね。
3単現のsのパターンについては、パターン1～3を最優先で勉強し、不規則に変化するパターンは少しずつ覚えていけばOKです。

| ○ | **Bill watch<u>es</u> DVDs.** （ビルはDVDを見ます） |
| × | **Bill and Tom watch<u>es</u> DVDs.** ※主語が複数であれば語尾変化なし！ |
| ○ | **Bill and Tom** (=They) <u>**watch**</u> **DVDs.** （ビルとトムはDVDを見ます） |

一般動詞の語尾にsが付くのは、主語が単数かつhe/she/itで言い換えられる場合のみ、ということをしっかり押さえておきましょう。

# Output Stage

 **Lesson 08 の復習問題** | 解答・解説 **Answer Key p. 021**

次の日本語の意味になるように、適切な語を○で囲みましょう。

(1) こちらは彼女の姉です。( That / This ) is her sister.

(2) あの木は古いです。( That / This ) tree is old.

(3) あちらは彼のガールフレンドです。That is ( their / his ) girlfriend.

(4) これらのナイフは危険です。( These / Those ) knives ( is / are ) dangerous.

(5) そのカバーが見当たりません。( Its / Their ) cover ( is / are ) missing.

＊形容詞 missing（欠けている、行方不明の）

 **Lesson 09 の演習問題** | 解答・解説 **Answer Key p. 021**

## 1. 話す 36

音声を聞きながら、3 単現の s の発音練習をしましょう。名詞の複数形の s と同じように、3 単現の s にも発音パターンがあります。

発音する際には、以下のポイントを参考にしてください。音声は、「動詞の原形」、「3 単現の s 形」の順に聞こえます。

| パターン | 発音 | 発音ポイント |
|---|---|---|
| 1 | ズ [z] | 基本の発音 |
| 2 | ス [s] | クッ[k]、プッ[p]、トゥ[t] の音の後ろの s はこの音 |
| 3 | イズ [iz] | シュ[ʃ]、チ [tʃ]、ズ [z]、ス [s]、ヂ [dʒ] の音の後ろの es はこの音 |

パターン 1 :
(1) read　　　　reads　　　(2) enjoy　　　enjoys

(3) know　　　knows　　　(4) need　　　needs

パターン **2**：
(1) speak　　speaks　　(2) eat　　eats

(3) help　　helps　　(4) meet　　meets

パターン **3**：
(1) wash　　washes　　(2) teach　　teaches

(3) use　　uses　　(4) pass　　passes

(5) change　　changes

## **2.** 書く✐

[A] 次の日本語を参考に、（　　）内の動詞のうち適切なものを選び、解答欄に書きましょう。

(1) 彼は英語を教えています。　He（ teach / is / teaches ）English.

(2) 彼女たちは着物が好きです。　They（ are / likes / like ）kimono.

(3) リンダは歌手です。　Linda（ sings / is / are ）a singer.

(1) _____　(2) _____

(3) _____

[B] （例）を参考に、次の英文の主語を ［　　］内の主語で言い換え、全文を書き替えましょう。
ただし、下線部はそのまま変化しないものとします。

（例）I like cats.［He］ （答）He likes cats.

（1）You study English.［She］

（2）I see her father.［Tom］

（3）Masaki helps his mother.［We］

（4）They take a lot of pictures.［Naomi］ ＊動詞 take（［写真など］を撮る）

Day
13

## Evine's Word

急ぎは禁物！ 中1レベルの英語の基礎を、時間をかけ
て押さえましょう。後々の出来が確実に違ってきます！

副詞と一般動詞

# Lesson 10 副詞と一般動詞

 **Introduction**  ▶37

覚えていますか？ 形容詞には、名詞の前に用いてその名詞を説明する働きがありましたよね？

## a nice apple pie （おいしいアップルパイ）
　　　　　　バイ

「形容詞 nice が名詞 apple pie を説明」ですね。
とても便利な言葉ですが、残念ながら、形容詞は名詞しか詳しく説明できません。
では、それ以外の言葉はどうすればよいのでしょうか？
そこで登場するのが、今日のレッスンで学習する副詞です。この副詞を用いると、これまでに
勉強してきた動詞をより詳しく説明することができるのです。

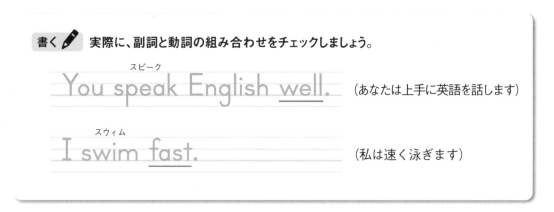

書く✏️ 実際に、副詞と動詞の組み合わせをチェックしましょう。

You speak English well.　（あなたは上手に英語を話します）
　　　　スピーク

I swim fast.　（私は速く泳ぎます）
　スウィム

副詞 well（上手に）が動詞 speak（…を話す）、副詞 fast（速く）が動詞 swim（泳ぐ）をそ
れぞれ説明しています。副詞が動詞につながることで、表現がより豊かになっていますね。

また、このレッスンでは swim のような新しいタイプの一般動詞も登場します。前回は、１つ
目の例文 You speak English ...（英語を勉強する）のように、目的語を伴う動詞を勉強しま
したが、今日は、２つ目の例文のように目的語がないパターンをチェックします。

それでは、色んな新しい表現をまた楽しんでいきましょう！

 **Input Stage**  ▶38

## 副詞の働き

副詞は主に動詞や形容詞、そしてほかの副詞を説明する、説明のプロです。

**They** 一般動詞 <u>**play soccer**</u> 副詞 <u>**here.**</u>（ヒアー）

（彼らはここでサッカーをします）

**You have a** 副詞 <u>**very**</u>（ヴェリ） 形容詞 **nice car.**

（あなたはとてもすてきな車を持っています）

副詞 here（ここで）は一般動詞 play の場所を説明し、「どこでするのか」を表しています。
副詞 very は形容詞 nice を説明し、「どの程度すてきなのか」を表しています。
上の英文と比較するために、副詞がないものを見てみましょう。

**They play soccer.** （彼らはサッカーをします）
**You have a nice car.** （あなたはすてきな車を持っています）

副詞がたった1つないだけで、シンプルな内容になってしまいました。
副詞は一種のムードメーカー。あると英文に華やかさが増し、内容が詳しくなります。
そんな副詞の注意すべき点は、形容詞と違い、名詞の前に置いて直接その名詞を説明することはできない、ということです。

（×）I have a 副詞 <u>very</u> 名詞 <u>car.</u>

（私はとても車を持っています ?!)

（○）**I have a** 副詞 <u>**very**</u> 形容詞 **nice** 名詞 <u>**car.**</u>

（私はとてもすてきな車を持っています）

「副詞＋名詞」は NG！と覚えてください。「副詞＋形容詞＋名詞」のように、副詞が形容詞を、形容詞が名詞を説明する（L. 05 を参照）という流れにすれば、正しい英語になります。
解説を読むと難しく感じられますが、意識しながら例文に触れていくうちにだんだん慣れていきますので、安心してください。

# 副詞の種類

それでは、覚えておくべき副詞と、英文の中の基本の位置を整理しておきましょう。

**場所**

| here（ここで） | I eat lunch here.（私はここで昼食を食べます） |
| there（そこで） | I study English there.（私はそこで英語を勉強します） |

**様態（状態や様子）**

| fast（[速度が] 速く） | I eat dinner fast.（私は夕食を速く食べます） |
| quickly（[動作が] 素早く） | It moves quickly.（それは素早く動きます） |
| early（[時間が] 早く） | I finish work early.（私は早く仕事を終えます） |
| well（上手に） | He speaks Japanese well.<br>（彼は上手に日本語を話します） |
| hard（熱心に） | You study English hard.<br>（あなたは熱心に英語を勉強します） |

「場所」や「様態」を表現する副詞は、「動詞（＋目的語）」の後ろが基本です。

**強調（程度）**

| very（とても） | This is very good.（これはとても良いです）<br>I drive very carefully.（私はとても注意深く運転します） |
| very much（非常に） | I like dogs very much.（私は犬がとても好きです） |

**頻度**

| usually（いつも） | I usually read books.（私はいつも本を読みます） |
| often（しばしば） | I often eat ramen.（私はしばしばラーメンを食べます） |
| sometimes（時々） | I sometimes clean my room.（時々、私の部屋を掃除します） |

「強調（程度）」や「頻度」を示す副詞は、説明したい単語の前で用いるのが基本です。
副詞の位置は、本書の演習や例文の中でも確認しますので、徐々に慣れていきましょう！

# 一般動詞＋副詞

前回のレッスンでは「**主語＋一般動詞＋目的語（名詞）**」の表現を勉強しましたが、今日の
レッスンでは、新しいパターンとして「**主語＋一般動詞＋副詞**」の表現を学びます。

**I <u>come</u> here.**　（私はここに来ます）
<small>カム</small>

**You <u>go</u> there.**　（あなたはそこに行きます）
<small>ゴウ</small>

**He <u>runs</u> hard.**　（彼は一生懸命に走ります）

**She <u>cooks</u> well.**　（彼女は上手に料理します）

これらの**一般動詞の後ろには目的語がありません**ね。「（主語）は…する」という意味で、目
的語を用いた場合の「〜を」の部分がありません。
ちょっと比較してみましょう。

**I eat <sub>目的語</sub><u>hamburgers.</u>**　（私はハンバーガーを食べます）

**I eat <sub>副詞</sub><u>fast.</u>**　（私は速く食べます［早食いです］）

同じ一般動詞 eat でも、「…を食べる」と食べる内容（＝目的語）を後ろに置く場合と、具
体的な内容は示さず、単純に「食べる」という行為を述べる場合があるのです。そして後者
の使い方では多くの場合は今日学んだように、動詞の後ろに状況を説明する副詞を一緒に用
いるのです。表現のバリエーションとして、押さえておきましょう。

大切なのは、それぞれの単語がどのような役割をしているのかを意識することです。動詞（be
動詞・一般動詞）を中心とした単語同士のつながりが理解できるようになれば、色んな表現
に対応できるようになります。

Day
14

## ✍ Output Stage

 **Lesson 09 の復習問題** | 解答・解説 **Answer Key p. 022**

次の日本語の意味になるように、適切な語を○で囲みましょう。

(1) 彼女はダンサーです。

She ( is / are ) a dancer.

(2) あなたの弟は英語を教えています。

Your brother ( teaches / teach ) English.

(3) ケンの妹は寿司が大好きです。

Ken's sister ( is / loves ) sushi.

(4) エマと彼女の妹は母親を手伝います。

Emma and her sister ( helps / help ) their mother.

(5) その生徒はフランス語を勉強します。

The student ( studys / studies ) French.

 **Lesson 10 の演習問題** | 解答・解説 **Answer Key p. 023**

## 1.

[A] 次の日本語を参考に、(　　) 内の副詞のうち適切なものを選び、解答欄に書きましょう。

(1) 彼女はとても速く走ります。　　　She runs ( well / very ) fast.

(2) 私はそこで本を読みます。　　　　I read books ( there / here ).

(3) 彼女は早く帰宅します。　　　　　She goes home ( early / quickly ).

(4) 彼はいつもここにやって来ます。　He ( usually / sometimes ) comes here.

(5) 父は料理が上手です。　　　　　　My father cooks ( good / well ).

(1) _____   (2) _____

(3) _____   (4) _____

(5) _____

[B] 日本語を参考に、(　　　) 内の語を正しく並べ替えましょう。

(1) あなたはとても素敵な先生です。　( nice / are / a / very / you ) teacher.

_____

(2) 彼らはいつもそこで英語を勉強します。　They ( English / usually / study ) there.

_____

(3) 私たちは時々ここで勉強します。　We ( here / sometimes / study ).

_____

[C] 次の日本語の意味になるように、（　　）内の語を適切な場所に入れて全文を書き直しましょう。

(1) 彼のお父さんはとても良い医者です。　His father is a very doctor.（good）

_____

(2) 私はしばしばブドウを食べます。　I eat grapes.（often）

_____

(3) あなたはこの仕事をかなり楽しんでいます。
　You enjoy this job much.（very）　　　　　　　　　　*名詞 job（仕事）

_____

**Evine's Word**

気分が乗らないときは、新しい項目を学ばなくても OK です。
解答済みの演習で復習すると良いでしょう！

# Lesson 11 「…は」「…の」以外を表す代名詞

 **Introduction**  ▶39

**名詞を言い換える代名詞**については、I や you などと主語「…は」を示す形や、my や your など持ち主「…の」を示す形をこれまでに勉強しましたね。
今日のレッスンでは、さらに 2 パターンの便利な代名詞の形を学びます！

書く✏ 下線部の内容に注目しましょう。

(1) Bob visits his uncle. （ボブはおじさんを訪ねます）
→ He visits his uncle. （彼はおじさんを訪ねます）

(2) I visit Bob. （私はボブを訪ねます）
→ I visit him. （私は彼を訪ねます）

(3) This is my pen. （これは私のペンです）
→ This is mine. （これは私のものです）

パターン (1)(2) は面白いですね。同じ Bob ついての記述にも関わらず、(1) は he（彼は）、(2) は him（彼を）になっています。**英文の中での働きによって、代名詞の形は変化する**ようです。
そして、(3) のパターンでは、my pen（私のペン）→ mine（私のもの）と、2 語を 1 語にできる代名詞が用いられているようですね。

これまでの代名詞もそうですが、代名詞は元の名詞が何であるかによって形が決まります。
これまで以上に元の名詞を意識しながら、新しい表現を学んでいきましょう！

**Input Stage** 🎧 ▶40

## 🐕 目的語を言い換えた代名詞

早速ですが、次の例文を比較してみましょう。

**We visit Tom.**（私たちはトムを訪ねます）

**➔ We visit him.**（私たちは彼を訪ねます）

代名詞（ここでは him）は、元の名詞（ここでは Tom）をしっかりと意識することが大切です。
Tom（トム）は1人の男性ですから he となりそうですが、he は英文の主語を示す形です。
ここでの Tom は主語ではなく、visit（…を訪ねる）の目的語（L. 09 参照）です。
実はこの him のように、代名詞は役割によって形が変化します。つまり、動作の対象や内容を示す目的語であれば、目的語用の代名詞の形を用いるのです。
それでは、主語を示す形と比較してまとめてみましょう。

| 単数形 | | | 複数形 | | |
|---|---|---|---|---|---|
| 日本語 | 主語<br>（…は） | 目的語<br>（…を・に） | 日本語 | 主語<br>（…は） | 目的語<br>（…を・に） |
| 私 | I | me<br>ミー | 私たち | we | us<br>アス |
| あなた | you | you | あなたたち | you | you |
| 彼 | he | him | 彼ら | | |
| 彼女 | she | her | 彼女たち | they | them<br>ゼム |
| それ | it | it | それら | | |

※ you と it は、主語を示す形と目的語を示す形が同じです。

目的語は、一般動詞が表す具体的な動作の内容や対象を示す言葉でしたね。

それでは、次の例文で、主語を表す代名詞と併せてチェックしましょう。

104

主語 __Tomoko sometimes meets__ 目的語 __Ann for lunch.__

（トモコはランチを食べにアンと時々会います）

→ __She sometimes meets her for lunch.__　　* for lunch（ランチのために）

（彼女はランチを食べに彼女と時々会います）

Tomoko も Ann も **1 人の女性を表す名詞**ですが、Tomoko（主語）→ She、Ann（目的語）→ her と、元の名詞の働きによって形がそれぞれ違います。

Ann は、動作の対象、「誰と会うのか」を示す一般動詞 meet（…と会う）の目的語です。

よって、主語ではないので（×）Ann → she ではないのです。

# 🐕「…のもの」を表現する代名詞

次は、my や your など「…の」を示す代名詞と名詞がセットになったものを 1 語で言い換えてしまう、「…のもの」を意味する代名詞です。

それでは早速、例文をチェックしましょう。

**This is my towel.**（これは私のタオルです）
　　　　タウエゥ

→ **This is mine.**（これは私のものです）

my towel（私のタオル）が mine（私のもの）と 1 語になっていますね。

状況が分かっている相手にはわざわざ名詞を示さないで、mine のような代名詞をうまく使ってスムーズな表現を用いることができます。

**My car is very old.**（私の車はとても古いですよ）

→ **Mine is very old.**（私のはとても古いですよ）

話の流れから、お互いに車の話をしていることが明確であれば、このような言い方もできるんですね。見慣れない形かもしれませんが、とても口語的な表現です。

それでは、ほかの形も見ておきましょう。

「…は」「…の」以外を表す代名詞

| 単数形 | | | 複数形 | | |
|---|---|---|---|---|---|
| 日本語 | 「…の」 | 「…のもの」 | 日本語 | 「…の」 | 「…のもの」 |
| 私 | **my pen** | mine | 私たち | **our pens** | ours |
| あなた | **your pen** | yours | あなたたち | **your pens** | yours |
| 彼 | **his pen** | his | 彼ら | **their pens** | theirs |
| 彼女 | **her pen** | hers | 彼女たち | | |

its name（それの名前）のような、「its ＋名詞」を 1 語「…のもの」で示す形はありません。また、his は **名詞とセット** になっていれば「**彼の**」、**単独** で使われていれば「**彼のもの**」となりますので注意しましょう。

それでは、今日のレッスンの最後に、例文を基に学んできた代名詞の復習をしましょう。

**We eat tofu.** （私たちは豆腐を食べます）

**It is nice.** （それは美味しいです）

**Bill has a cat.** （ビルはネコを飼っています）

**Its tail is very long.** （それのしっぽはとても長いです）

**You have a sister.** （あなたは姉［妹］がいます）

**Ken loves her.** （ケンは彼女のことが大好きです）

**Your car is red.** （あなたの車は赤ですね）

**His is black.** （彼のは黒です）

OK でしょうか？　ちなみに、最後の例にある his は、his car（彼の車）の言い換えです。大切なことは、例文のように、元の名詞が何であったかによって柔軟に代名詞の形を変えていくことです。

慣れるまでに時間はかかりますが、意識して練習すれば必ずマスターできます！

## Output Stage

## Lesson 10 の復習問題 | 解答・解説 Answer Key p. 024

次の日本語の意味になるように、適切な語を○で囲みましょう。

(1) 彼女たちはここでテニスをします。　They play tennis ( that / there / here ).

(2) 彼は速く走ります。　He runs ( fast / early / well ).

(3) 彼女の夫はとてもすてきな人です。　Her husband is a ( good very / very good ) person.

(4) 僕は時々料理をします。　I ( usually / sometimes / often ) cook.

(5) 彼女は私をとてもよく知っています。　She knows me very ( well / much ).

## Lesson 11 の演習問題 | 解答・解説 Answer Key p. 024

### 1. 書く✎

[A] 次の日本語を参考に、(　　) 内の代名詞のうち適切なものを選び、解答欄に書きましょう。

(1) 私はそれをとても楽しんでいます。　I enjoy ( it / its / them ) very much.

(2) 私たちは彼らが大好きです。　We love ( they / them / him ).

(3) あの家は彼女のものです。　That house is ( she / her / hers ).

(4) こちらは私たちの教室です。　This is ( our / ours / us ) classroom.

(1) _____　(2) _____

(3) _____　(4) _____

**[B] 話の流れに合わせて下線部を適切な代名詞 1 語で言い替え、解答欄に書きましょう。**

(1) 私の靴下は黒です。彼の靴下は白です。

My socks are black. His socks are white.

(2) 私のパソコンは古いです。私は毎日そのパソコンを使います。

My PC is old. I use the PC every day.      * every day（毎日）

(3) 新鮮なサクランボはおいしいです。私の妹は新鮮なサクランボが大好きです。

Fresh cherries are tasty. My sister likes fresh cherries very much.

＊形容詞 tasty（美味しい）

(1) _____      (2) _____

(3) _____

[C] [    ] 内の代名詞を必要であれば適する形に変えて、(    ) 内に書きましょう。

(1) 妹は彼が大好きです。

My sister loves ( _____ ) .  [he]

(2) あれは彼の車ではありません。私の車です。

That's not his car. It's ( _____ ) .  [I]

(3) 僕は彼女たちを知っています。僕の友達です。

I know ( _____ ) . They are my friends.  [they]

(4) この携帯電話は彼女のではありません。

This cellphone is not ( _____ ) .  [she]

(5) これは彼の新しいアルバムです。

This is ( _____ ) new album.  [he]

## Evine's Word

自分を追い込むための環境づくりも大切です。定期的に
英検や TOEIC などを受験するのも１つの手です。

Lesson 12

# Lesson 12 be動詞の疑問文と否定文

be動詞の疑問文と否定文

## Introduction  ▶41

これまでのレッスンでは、単語から英文へと組み立てる方法を学んできました。
今日のレッスンからは、基本的な英文をより豊かな表現にする練習をしていきます！
本日学ぶのは、相手に「…ですか？」と尋ねる（確認する）疑問文と、「…ではありません」
と否定する否定文です。

疑問文と否定文は、元の英文の動詞のタイプが be 動詞か一般動詞かによって異なります。
今日のレッスンでは、まずは **be 動詞のパターン**を学びます。

---

**書く** ✏️　次の対話文の中で、be動詞の疑問文と否定文を確認しましょう。

A:　Tom is my classmate.　（トムは私の同級生です）
＊classmate クラァスメイト

B:　Is he Ann's brother?　（彼はアンのお兄ちゃんですか？）

A:　No, he isn't. He's not her brother.
＊not ナット

　　He's Susan's brother.

（いえ、違います。彼は彼女のお兄ちゃんではありません。
彼はスーザンのお兄ちゃんです）

---

「…ですか？」と尋ねる（確認する）表現や、「…ではありません」と否定する表現が加わり、
会話の幅がかなり広がりましたね。
注目ポイントは **be 動詞の位置**と、**not を加える**ということです。どうでしょうか？
コツをつかめばそれほど難しくはなさそうですね。

それでは、本編で否定文と疑問文について詳しく勉強しましょう！

# be 動詞の否定文「…ではありません」

まずは普通の基本文（肯定文）と否定文を比較してみましょう。

肯定文：**You are busy.** （あなたは忙しいです）
否定文：**You are not busy.** （あなたは忙しくありません）

簡単ですね！　be 動詞の後ろに not を付けるだけで、「…ではありません」という否定文を作ることができるのです。
また、否定文ではない形を肯定文と呼びます。よく目にする言葉ですので覚えておきましょう。
以下に整理しておきます。

| 文の種類 | 英文の形 | 日本語 |
|---|---|---|
| 肯定文 | 主語＋ is/am/are ... | 「（主語）は…です」 |
| 否定文 | 主語＋ is/am/are ＋ not ... | 「（主語）は…ではありません」 |

さて、この否定文の not の付け方で押さえておきたいのが**短縮形**です。

「僕はお腹が空いていません」

ハングリ
**I'm not hungry.**

「あなたは若くはありません」

ヤング
**You're not young. / You aren't young.**

「それは新しい本ではありません」

ブック
**It's not a new book. / It isn't a new book.**

L. 07 で学んだ**主語と be 動詞を短くした形**を用いるか、**be 動詞と not を短くした形**を用いるのかの 2 パターンです。
口語では基本的にいずれかの短縮形を使いますので、ぜひ覚えておきましょう。
それでは、まとめて確認しましょう！

| 普通の否定形 | 短縮形 | |
|---|---|---|
| I am not | I'm not　※I am not の場合は I'm not パターンのみ | |
| You [We/They] are not | You [We/They]'re not | You [We/They] aren't |
| He [She/It] is not | He [She/It]'s not | He [She/It] isn't |

なお、主語と be 動詞の短縮形は、**主語が代名詞の場合のみ**です。注意しましょう。

##  be 動詞の疑問文「…ですか？」

次に、「…ですか？」と相手に尋ねる（確認する）表現、疑問文を学びましょう。
それでは、肯定文と疑問文を比較しましょう。

　肯定文：**You are busy.** （あなたは忙しい）
　疑問文：**Are you busy?** （あなたは忙しいですか？）

これは簡単です。be 動詞と主語の位置を入れ替え、最後に「？（クエスチョンマーク）」を付ければ疑問文というわけです。

| 文の種類 | 英文の形 | 日本語 |
|---|---|---|
| 肯定文 | 主語＋is/am/are … | 「（主語）は…です」 |
| 疑問文 | Is/Am/Are ＋主語 …? | 「（主語）は…ですか？」 |

さて、何かを尋ねられれば、それに対する返事をするのが自然ですよね。
では早速、典型的な返事のパターンを確認しておきましょう。

　**A: Is she ready?** （彼女は準備ができていますか？）
　　　　　レディ
　**B: Yes, she is.** （はい、できています）
　　　イェス

　**A: Is Kate tall?** （ケイトは背が高いですか？）
　**B: No, she isn't.** （いいえ、高くありません）
　　　ノウ

「はい」は yes、「いいえ」は no ですね。そして、Yes, she is ready. の ready、No, she isn't tall. の tall は、同じ言葉が繰り返されるとくどい印象を与えるため、返答文では省略されます。主語と be 動詞のみを残した形にするのがポイントです。

また、名詞の主語（Kate）は、返答文では代名詞（she）に変化することも押さえておきましょう。

**A: Are you cold?**　コウゥド　（あなたは寒いですか？）
**B: No, I'm not.**　（いいえ、私は寒くありません）

この B も I'm not cold. の cold を省略したものですね。
また、疑問文の主語が you なのに返答文の主語が I になっている点に注目してください。
この対話文は**相手が自分（I）に話し掛けている状況**ですから、返事をする人は自分（I）になるのですね。

**A: Are you happy?**　（君たちは幸せですか？）
**B: Yes, we are.**　（はい、私たちは幸せです）

先ほどの例と比較しましょう。この **you は複数「あなたたち」の意味**で用いられているととらえれば、**返事をする者は複数いる**ということで、we（私たち）になります。
単数と複数の形が同じ you の解釈には、注意が必要ですね。

**A: Are you their friends?**　（君たちは彼らの友人ですか？）
**B: No, we aren't.**　（いいえ、違います）

こちらは、you は their friends ですか？と尋ねられているので、返答文の主語は明らかに we ですね。

次のレッスンでは、一般動詞の疑問文と否定文を学びます。be 動詞のものとは作り方が違うので、両者を混同しないように気を付けましょう。まずは、be 動詞のパターンを押さえておくことが大切です。
1つ1つ地道に、整理しながらインプットしていけば大丈夫ですよ！

## Output Stage

 **Lesson 11 の復習問題** | 解答・解説 **Answer Key p. 025**

話の流れに合わせて、適切な代名詞を○で囲みましょう。

(1) His car is black. ( Mine / Me ) is green.

(2) He draws nice pictures. I like ( it / them ).

(3) I know ( his / him ). He is my uncle.

(4) This is a passport. It's ( Ken / Ken's ).

(5) My brother sometimes helps ( me / my ).

 **Lesson 12 の演習問題** | 解答・解説 **Answer Key p. 026**

## 1. 話す 🔊 ▶43

（例）を参考に、音声から聞こえてくる疑問文に Yes/No で答えましょう。

（例）音声：Is he a teacher?　　解答（No）：No, he isn't.

(1)（Yes）:

(2)（No）:

(3)（Yes）:

## 2. 書く ✏

次の肯定文を、日本語に合わせて否定文または疑問文に書き替えましょう。

(1) The city is beautiful.　→　その街は美しいですか？

(2) She is sad.　→　彼女は悲しくありません。

(3) Your bed is soft.　→　あなたのベッドは柔らかいですか？

(4) That is a lake.　→　あれは湖ではありません。

(5) The hamburgers are bad.　→　それらのハンバーガーはまずくありません。

(6) You are her students.　→　君たちは彼女の生徒ですか？

Day
16

## 3.

次の疑問文に対する返答文として適切なものを選んで記号で答えましょう。ただし、不要な選択肢が２つありますので注意してください。

(1) Are you happy?　(　　　)　　　　(2) Is he your father?　(　　　　)

(3) Is Tomoko kind?　(　　　)

[選択肢]　(a) No, she is.　　(b) Yes, I am.　　(c) Yes, he isn't.
　　　　　(d) Yes, she is.　　(e) No, he isn't.

## 4. 書く ✏

次の日本語の意味になるように、（　　）内の語（語句）を正しく並べ替えましょう。

(1) 彼の犬は小さいですか？　（ his dog / small / is ）?

(2) 彼らの文化は面白いです。　（ culture / interesting / their / is ）.

(3) 私たちの台所は大きくありません。　（ not / big / is / our kitchen ）.

(4) こちらは初めてですか？　（ you / new / are ）here?

(5) 僕は間違っていますか？　（ wrong / I / am ）?

(6) この選手たちはあまり優秀ではありません。
　　（ very good / players / aren't / these ）.

## Evine's Word

新しい学習内容は、すでにある知識が不安定なままでは身につきません。土台は常にしっかりと！

# Lesson 13 一般動詞の疑問文と否定文

## Introduction  ▶44

前回のレッスンでは、be 動詞を用いた疑問文と否定文を勉強しましたね。

今日は、一般動詞を用いて「…しますか？」と尋ねる（確認する）疑問文、「…しません」と否定する否定文を勉強します。

---

**書く** ✏ 次の対話文の中で、一般動詞の疑問文と否定文を確認しましょう。

A: <u>Do</u> you wear kimono?　（あなたは着物を着ますか？）
　　　ドュ　　　　ウェアー

B: Yes, I do.　（はい、着ます）

A: <u>Does</u> your brother wear yukata?
　　　　　　　　　　　　　（あなたの弟は浴衣を着ますか？）

B: No, he doesn't. He <u>doesn't</u>
　　wear yukata.　（いいえ。彼は浴衣を着ません）

---

この対話文で用いられているのは、You wear kimono.（あなたは着物を着ます）と Your brother wears yukata.（あなたの弟は浴衣を着ます）を基にした、疑問文「…しますか」や否定文「…しません」の形です。

今回の一般動詞の疑問文と否定文は、**do/does がポイント**になります。do なのか does なのか、その使い分けは主語の種類をよーく見ると判断ができそうですね。

また、疑問文や否定文では、3 人称単数現在形を示す、一般動詞（wear）の語尾に付く s がない、というのも気になるところです。

さあ、それでは本編で詳しく勉強しましょう。

 **Input Stage** ▶45

##  一般動詞の否定文「…しません」

まずは肯定文（基本文）と否定文を比較しましょう。

> 肯定文：**I eat tofu.** （私は豆腐を食べます）
> 否定文：**I don't eat tofu.** （私は豆腐を食べません）

be 動詞のように、（×）eat not ではありません。一般動詞の否定文は、動詞の前に don't を置くのがポイントです。「don't ＋一般動詞」で、「…しません」という意味になります。この don't は do not の短縮形ですので慣れておきましょう。

> **↔ I do not eat tofu.**

では、冒頭でも登場した、気になるもう1つの形もチェックしましょう。

> 肯定文：**He eats tofu.** （彼は豆腐を食べます）
> 否定文：**He doesn't eat tofu.** （彼は豆腐を食べません）

don't → doesn't に変化しましたね。ポイントは主語（he）にあります。主語が3人称単数（he/she/it のいずれか）であれば、「doesn't ＋一般動詞の原形」で否定文になります。この doesn't は does not の短縮形です。

ここで見逃してはならないのが、eats が原形 eat に戻るということです。一般動詞が原形に戻るのは、does（do に es を付けた形）に es があるので、一般動詞にはもう必要がなくなったため、と考えてください。

> **↔ He does not eat tofu.**

| 文の種類 | 英文の形 | 日本語 |
|---|---|---|
| 肯定文 | 主語＋一般動詞 | 「（主語）は…します」 |
| 否定文 | 主語（he/she/it 以外）＋ **don't** ＋一般動詞の原形<br>主語（he/she/it）＋ **doesn't** ＋一般動詞の原形<br>※ he/she/it は3人称単数形 | 「（主語）は…しません」 |

（○）**He doesn't sit here.** （彼はここに座りません）
<ruby>sit<rt>スィット</rt></ruby>

（×）He doesn't sits here.

# 一般動詞の疑問文「…しますか？」

次に「…しますか？」と相手に尋ねる（確認する）表現、疑問文です。
それでは早速、肯定文と疑問文を比較しましょう。

　肯定文：**You have a dog.** （あなたは犬を飼っています）
　疑問文：**Do you have a dog?** （あなたは犬を飼っていますか？）

be 動詞の疑問文とは異なり、「主語＋動詞」の順番は変化しません。肯定文の頭に do、文末に「?」マークを付ければ、**一般動詞の疑問文**の完成です。

　肯定文：**He reads books.** （彼は読書をします）
　疑問文：**Does he read books?** （彼は読書をしますか？）

主語が 3 人称単数形（he/she/it）になれば do ではなく does を用い、一般動詞の 3 人称単数形を示す語尾 s/es は消えて原形に戻ります。

（○）**Does he smile?** （彼は笑ってくれますか？）
<ruby>smile<rt>スマイゥ</rt></ruby>

（×）Does he smiles?

Day
17

| 文の種類 | 英文の形 | 日本語 |
|---|---|---|
| 肯定文 | 主語＋一般動詞 | 「(主語) は…します」 |
| 疑問文 | Do ＋主語（3 人称単数以外）＋一般動詞の原形 ...?<br>Does ＋主語（3 人称単数）＋一般動詞の原形 ...? | 「(主語)は…しますか?」 |

それでは be 動詞と同様、Do/Does ...? に対する典型的な返事のパターンも一緒に押さえておきましょう。要領は be 動詞のときとほとんど同じです。

**A: Do you cook?** （あなたは料理をしますか？）
<ruby>cook<rt>クック</rt></ruby>
**B: Yes, I do. / No, I don't.** （はい、します / いいえ、しません）

**A: Does Ayako drive?** （アヤコは運転をしますか？）
**B: Yes, she does. / No, she doesn't.**
（はい、します / いいえ、しません）

まずは yes（はい）か no（いいえ）が基本ですね。ポイントは、疑問文で用いた do/does をそのまま用いて、yes の返事であれば「Yes, 主語＋ do/does.」、no と否定であれば否定文で用いる形をそのまま利用して、「No, 主語＋ don't/doesn't.」の形にするということです。yes/no どちらの場合も、一般動詞（ここでは cook、drive）の代わりに do/does、don't/doesn't が用いられます。

## Does Ayako drive?

（×）Yes, she is. /（×）No, she isn't.

また**返答文の主語は、基本的に代名詞に置き換える**（Ayako → she）のでしたね。

| 肯定の返事（はい） | **Yes,** 代名詞の主語＋ **do/does.** |
|---|---|
| 否定の返事（いいえ） | **No,** 代名詞の主語＋ **don't/doesn't.** |

 **Lesson 12の復習問題** | 解答・解説 **Answer Key p. 027**

次の英文を（　　）内の指示に従って書き替えましょう。

（1）It's nice.　（疑問文に）

（2）I'm very busy.　（否定文に）

（3）Are you happy?　（肯定文に）

（4）We are late.　（否定文に）　　　　　　　　　　＊形容詞 late（遅れた）

 **Lesson 13の演習問題** | 解答・解説 **Answer Key p. 028**

**1.** 話す  ▶46

（例）を参考に、音声に収録されている疑問文に、Yes/No で答えましょう。

（例）音声：Do you like dogs?　解答（Yes）：Yes, I do.

（1）（Yes）：　　　　　　　　　　　（2）（No）：

（3）（Yes）：

## 2. 書く ✏️

[A] 次の肯定文を、日本語に合わせて否定文または疑問文に書き替えましょう。

(1) She likes Japanese food.　→　彼女は日本の食べ物が好きですか？

(2) My father smokes.　→　私の父はタバコを吸いません。

(3) They study hard.　→　彼らは熱心に勉強しますか？

(4) Her brother helps you.　→　彼女の弟はあなたを手伝ってくれますか？

(5) I clean my room.　→　私は自分の部屋を掃除しません。

[B] 次の日本語の意味になるように、（　　）内の語（語句）を正しく並べ替えましょう。

(1) あなたはあまり上手に泳ぎません。( don't / you / swim ) well.

(2) 彼らはあなたに電話をかけてきますか？ ( they / call / do / you )?

(3) 彼は馬に乗りますか？ ( ride / does / a horse / he )?　　　*動詞 ride（…に乗る）

# 3.

次の疑問文に対する返答文として適切なものを選んで記号で答えましょう。ただし、不要な選択肢が2つありますので注意してください。

(1) Does Kenji read the newspaper?  （　　）

(2) Do you like fruit?  （　　）

(3) Does Arisa take a bus to school?  （　　）　　　　　　　＊ to school（学校へ）

[選択肢]　(a) Yes, I do.　(b) No, she does.　(c) Yes, he is.　(d) Yes, he does.
　　　　　(e) No, she doesn't.

# 4.

次の英文のうち、正しい英文の記号を○で囲みましょう。

(1) (a) Do you happy?　　　　　　　(b) Are you happy?
(2) (a) Does your sister speak English?　(b) Do your sister speak English?
(3) (a) He doesn't cleans his shoes.　(b) He doesn't clean his shoes.

## Evine's Word

まったく理解できなかった項目が、ほかの単元を
押さえることでウソみたいにクリアになることがあります。

Lesson 14

命令文「…しなさい」

 **Lesson 14 命令文「…しなさい」「…するな」表現**

## Introduction  🎧 ▶47

be 動詞や一般動詞の疑問文と否定文を勉強したことで、会話の幅が広がりましたよね。
今日のレッスンでも、より表現力を豊かにしていきましょう！
ここで勉強するのは、「…しなさい」「…するな」といった内容を表す命令文です。「命令」というと堅苦しく偉そうな印象がありますが、命令文にも色々な種類があり、実際の会話でもよく用いられますので、ぜひマスターしましょう！

**書く** ✏️ 命令文を確認しましょう。

| | |
|---|---|
| Study English. | （英語を勉強しなさい） |
| Don't run here.〔ラン〕 | （ここで走らないで） |
| Be quiet.〔クワイエト〕 | （静かにしなさい） |
| Don't be shy.〔シャイ〕 | （恥ずかしがらないで） |

表現の特徴はつかめましたか？
「…しなさい」は study や be のような動詞の原形、「…するな」と否定の命令文になると共通して don't を用いている点に注目したいですね。

今回のレッスンでは、特に新しい形は登場しませんが、be 動詞や一般動詞をしっかり理解できていることが大切になります。もし自信がない場合は、事前に L. 07 ～ 10 の内容を読み返して、しっかり復習しておきましょう。

# 一般動詞の命令文

命令文というとかなりきつい表現という印象がありますよね。ですが、「…しなさい」という典型的な命令の意味のほかに、声の調子を変えたりすることによって、「…してね」「…してください」「…してごらん」などのような柔らかい指示やお願いを伝えることも可能なのです。たった1つの表現でも、話し方や状況によって色んな解釈ができるわけですね。

それでは、一般動詞の命令文を肯定文と比較してみましょう。

肯定文 : **You study hard.** （あなたは熱心に勉強します）
命令文 : **Study hard.** （熱心に勉強しなさい）

ポイントは簡単ですね。主語を消して動詞の原形で始まる英文にすればOKです。主語がなくなるので、主語に合わせた動詞の変化はなく、常に原形であることもシンプルでラッキーですね！

# be 動詞の命令文

次にbe動詞の命令文です。要領は一般動詞のときとまったく同じです。
それでは、例文を見てみましょう。

肯定文 : **You are quiet.** （あなたは静かです）
命令文 : **Be quiet.** （静かにしなさい）

be動詞 am/is/are の原形は、その名の通り be ですね。主語を消して原形 be で英文を始めれば、be動詞の命令文は完成です。

それでは、「親切にしなさい」を英語にしてみましょう。

be動詞と一般動詞のどちらを用いるのかとっさに判断できない場合は、命令文にするのも難しいですよね。そんなときは基本に戻りましょう。

肯定文 : **You are kind.** （あなたは親切です）
命令文 : **Be kind.** （親切にしなさい）

まずは、主語 you を用いた肯定文を考えてみます。

「あなたは親切です」は、具体的な動作を表す一般動詞では表すことができそうにありません。そこで、be 動詞を用いた英文と判断します。この be 動詞は、主語が「親切です」と、主語を紹介する表現で用いることができましたね。後は「親切な」という形容詞を思い出せればOK です。

**疑問文や否定文を作る場合も同じですが、基本に戻ってから言い換えていく方法には、ケアレスミスを少なくする効果があります。**

# 「…するな」と否定の命令文を表現する Don't ...

さて次に、「…するな」という意味の don't を用いた否定の命令文を学びましょう。

**Run.** （走りなさい）
**Don't run.** （走るな）

**Be serious.** スィアリアス （真剣になりなさい）
**Don't be serious.** （真剣になるな） ＊形容詞 serious（真剣な）

どうでしょうか。don't 1 語を文頭に追加するだけですね。普通の命令文の形をしっかり押さえておくことが大切です。それでは、まとめておきましょう。

| 元の動詞の種類 | 英文の形 | 日本語 |
|---|---|---|
| 一般動詞 | **Don't ＋一般動詞の原形 ...** | …するな、…しないで、 |
| be 動詞 | **Don't be ...** | …になるな |

be 動詞を用いた否定の命令文であっても、don't を用いるのですね。

（×）　Be not serious.

# 命令文に丁寧な雰囲気を加える please

命令文に「ぜひ」「どうか」「…してください」という意味の please ブリーズ を加えると、命令調が和らぎ、丁寧さが出ます。

それでは、例文を見てみましょう。

**Don't cry.** （泣くな）
クライ

**Please don't cry.** （どうか泣かないで）

**Sit down.** （座りなさい）
ダウン

**Sit down, please.** （座ってください）

どうでしょうか。please には、命令調を和らげ、丁寧さを出す働きがあるのですね。

また、please の位置は基本的には文頭、またはコンマ（ , ）付きの文末と覚えておくと良いでしょう。

## 「…しよう」と相手に提案する Let's ...

それでは今日のレッスンの最後に、「…しよう」「…しましょう」と提案する表現を確認しておきましょう。

**Let's sit down.**
（座りましょう）

**— Yes, let's. / No, let's not.**
（はい、座りましょう / いいえ、やめときましょう）

命令文 Sit down.（座りなさい）と異なる点として、Sit down. は相手がする行為を指しますが、let's を用いた場合は、話し手自身も参加する行為を示すということです。

また、let's を用いた文に対する返事の仕方はそのまま let's を用いること、そして no の場合は最後に not を置くのがポイントですね。

肯定的な返事の仕方としては、OK.（いいですよ）や Sure.（もちろん）などもよく使いますので、余裕があればぜひ一緒に覚えておきましょう。
シュアー

# Output Stage

 **Lesson13の復習問題** | 解答・解説 **Answer Key p.030**

次の英文を、（　）内の指示に従って全文を書いてみましょう。

（1）You want a new desk.　（疑問文に）

（2）He writes essays.　（否定文に）　　　　　　　　　　　*名詞 essay（エッセー）

（3）Does she read books?　（肯定文に）

（4）Does your brother make breakfast?　（No を用いた返答文に）

（5）Your mother likes cheese.　（疑問文に）

 **Lesson14の演習問題** | 解答・解説 **Answer Key p.031**

## 1. 書く ✏

［A］次の英文を命令文に書き替えましょう。

（1）You help your mother.

(2) You are kind to her.　　　　　　　　　　　　　　　　＊ to her（彼女に対して）

_____

_____

[B] 次の英文を否定の命令文に書き替えましょう。

(1) You are afraid.　　　　　　　　　　　　　　　　＊形容詞 afraid（恐れて）

_____

_____

(2) You eat too much.　　　　　　　　　　　　　　　＊ too much（過剰に）

_____

_____

[C] 次の英文を、let's を用いた命令文に書き替えましょう。

(1) We drink beer.

_____

_____

(2) We visit her.

_____

_____

[D] 次の日本語の意味になるように、（　　）内の語（語句）を正しく並べ替えましょう。

(1) 私を助けてください。( , please / me / help ).

_____

_____

(2) 歌いましょう。( a song / sing / let's ).

_____

_____

(3) 窓を閉めないでください。( close / don't / the window ), please.

_____

_____

## Chapter 2
# Review まとめ問題 2

L.06〜14で勉強した内容の定着度を確認しましょう。
間違えた個所については、別冊回答集に記載されている参照レッスンを復習して、確実にマスターしましょう！

解答・解説 **Answer Key p.031**

## 1. 聞く 🎧 ▶49

聞こえてくる疑問文に対する答えとして、正しいものを１つずつ下の選択肢から記号で選びましょう。ただし、各記号は１度しか使えません。

(1) (　　) 　(2) (　　) 　(3) (　　) 　(4) (　　) 　(5) (　　)

(a) Yes, I do. 　(b) Yes, they are. 　(c) Yes, it is. 　(d) Yes, I am. 　(e) No, he doesn't.

## 2. 書く ✏

[A] 次の日本語の意味になるように、(　　) に当てはまる語を書きましょう。

(1) これは私のクリスマスプレゼントです。

(＿＿＿＿＿) (＿＿＿＿＿) (＿＿＿＿＿)

Christmas present.

(2) ドアを閉めないでください。

(＿＿＿＿＿) close (＿＿＿＿＿) door, please.

(3) 彼女のお父さんは忙しいですか？

(＿＿＿＿＿) (＿＿＿＿＿) father busy?

(4) 彼はそこで働いていません。

He ( ) work ( ) .

(5) ディナーを楽しみましょう。

( ) ( ) our dinner.

(6) 君はたいてい、ここにとても早く来ます。

You ( ) come ( ) very ( ) .

(7) 静かにしなさい。

( ) quiet.

[B] 次の英文 a、b がほぼ同じ内容になるように、（　）に適切な語を書きましょう。
　※（2）については、下線部を代名詞で言い替えましょう。

(1) a. That is my house.

　　b. That house is ( ) .

(2) a. Ken's sister is a doctor.

　　b. ( ) sister is a doctor.

(3) a. These are his jackets.

　　b. These jackets are ( ) .

[C] 次の（　　）内の単語を、文法的に正しく並べ替えましょう。

(1)（ this / don't / they / study ）subject.

_____

_____

(2)（ mother / drives / carefully / your / very ）.

_____

_____

## Evine's Column

代名詞、形容詞、副詞と、覚えることが一気に増えましたが、ここが踏ん張りどころです。
ここまでは、発信力の要となるパーツの学習とその組み立て作業をしてきました。この大
切な基礎を、じっくりと時間をかけて丁寧に学びましょう。
ところで、疑問文や否定文、そして命令文の形になるととたんに混乱する方がいますが、
慣れるまでは常に基本（肯定文）に戻って考えると良いでしょう。その際、疑問文・否定文・
命令文の形は、元の英文の動詞が一般動詞かbe動詞かによって大きく異なりますので、
どちらのタイプを使えば良いのかをしっかり意識することが大切です。

# Chapter

# 3

# 動詞についての新しい表現を知ろう!

# Lesson 15 現在形と現在進行形

## Introduction  ▶50

今日からは、動詞の新しい表現を学びます。知識の幅をググッと広げていきましょう！
まずは、2回にわたって、「**時**」に**関する形**を学びます。

皆さんがこれまで勉強してきた動詞は、現在の習慣や状態を示す**現在形**（「…します」）でした。
そして今回のレッスンでは、話し手が話をしている時点において「…しています」と**動作が進行中**であることを示す、**現在進行形**を学びます。

**書く** ✏ 現在形と現在進行形の英文を比較してみましょう。

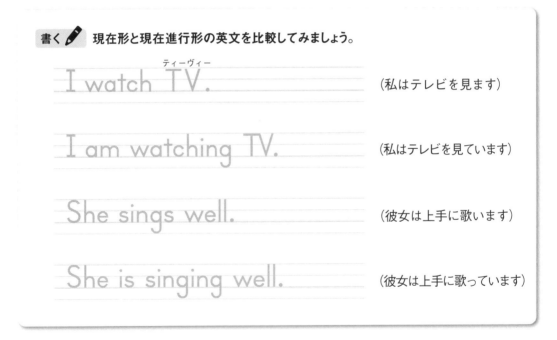

I watch TV.　　　　　　（私はテレビを見ます）

I am watching TV.　　　（私はテレビを見ています）

She sings well.　　　　（彼女は上手に歌います）

She is singing well.　（彼女は上手に歌っています）

現在進行形のポイントは、すでに勉強済みの be 動詞（am/is/are）を用いること、そして動詞の語尾を「ing」形にすることです。この変化によって、現在形「見ます」→現在進行形「見ています」、現在形「歌います」→現在進行形「歌っています」と、目の前で動作が進行している様子を表すことができるのです。

現在形も現在進行形も「現在」という点では共通ですが、具体的にどのような違いがあるのか、本編で詳しく学びましょう！

**Input Stage** 🎧 ▶51

## 🐕 現在形と現在進行形 「主語＋ be 動詞＋動詞の ing 形」

それでは早速、現在形と現在進行形の違いを比較してみましょう。

**I** 現在形 **cook.** （私は料理をします）

**I am cook**ing **now.** （今、私は料理をしています）　　　＊副詞 now（今）
　　　　　　　　ナウ

現在形 cook は、「料理をします」と現在の習慣を示すだけで、**今の状況を表すわけではありません**。一方、現在進行形 am cooking は、「料理をしています」とまさに今の状況を表現します。

| 現在進行形 | 主語＋ be動詞＋動詞の ing 形<br>（今）…しています。　※ be 動詞 =am/is/are |
|---|---|

**He** 現在形 **studies hard.** （彼は熱心に勉強します）

**He is study**ing **hard.** （彼は熱心に勉強しています）

現在形では彼が普段から熱心に勉強するということが分かりますが、今現在の状況については分かりません。現在進行形 is studying にして初めて、まさに今、動作が進行している状況を示すことができるのです。
では、現在形と現在進行形の違いを簡単に整理しておきましょう。

| 現在形 | 現在の習慣や状況 |
|---|---|
| 現在進行形 | まさに現時点で進行中の動作 |

## 🐕 「動詞の ing 形」パターン

現在形の「一般動詞＋ s/es」（3 人称単数現在形）にもパターンがあったのと同じように、ing 形にも覚えておくべきパターンがいくつかあります。
それでは早速確認しましょう。

135

| 原形 | ing 形 | ポイント |
|---|---|---|
| **eat** | **eat**ing | 「動詞の語尾（原形）+**ing**」が基本 |
| **come** | **com**ing | 語尾が **e** で終わる場合、その **e** を消して **ing** |
| スタップ<br>**stop** | **stop**ping | 語尾「1 母音字（**a**、**i**、**u**、**e**、**o**）＋1 子音字」→子音を重ねて **ing** |

**I'm eating dinner.** （私は夕食を食べています）
**I'm coming.** （私は向かっています［来るところです］）
**The bus is stopping.** （バスは停車するところです）

最後のポイントには例外があって、listen [lísn] や visit [vízit] のように、1 母音字にアクセントのないものはそのまま ing を付けます。

 ## 現在進行形の否定文

それでは次に、現在進行形の否定文「…していません」をチェックしましょう。ポイントはとても単純で、be 動詞の否定文と同じです。つまり、**be 動詞の後ろに not を置けば OK**です。

肯定文：**I'm cooking.** （私は料理をしています）
否定文：**I'm not cooking.** （私は料理をしていません）

否定文になっても ing 形のままです。原形に戻さないように注意してください。この点に気をつければ、be 動詞で勉強したことと同じですから簡単ですね。

| 現在進行形の否定文 | 主語＋ **be 動詞**＋ **not** ＋動詞の **ing** 形<br>（今）…していません。 |
|---|---|

 ## 現在進行形の疑問文

否定文とくれば、今度は疑問文「…していますか？」ですね。

肯定文：**He's running.** （彼は走っています）
疑問文：**Is he running?** （彼は走っているのですか？）

be 動詞を用いた疑問文とポイントは同じですね。主語と be 動詞の位置を反対にすれば OK です。また否定文と同様、ing 形はそのままで原形に戻らない、ということを押さえておきましょう。

| 現在進行形の疑問文 | be 動詞＋主語＋動詞の ing 形？<br>（今）…していますか？ |
| --- | --- |

それでは、疑問文に対する返答文もチェックしておきましょう。

**A：Is Rieko cooking?** （リエコは料理をしているの？）
**B：Yes, she is.** （うん、そうだよ）／
　　**No, she isn't.** （いや、していないよ）

## 🐕 現在進行形は「状態」の意味では使わない

実は、現在進行形はどんなときでも使えるとは限りません。現在進行形が示すのは「動作」の進行なので、「状態」を意味するような場合には使えません。

（○）**I have a dog.** （私は犬を飼っています）
（×）I'm having a dog.

動詞が「状態」を意味する場合は、最初から「…している」と「進行」のニュアンスが含まれているので、わざわざ進行形にする必要がないのです。
こうした「状態」の意味を持つ一般動詞には、know（…を知っている）や like（…が好きである）などがあります。進行形にしないよう、注意しましょう。

（×）be knowing　（×）be liking

**Evine's Word**

じっくりと復習するたびに新しい発見があります。一度の勉強で満足するのではなく、必ず復習をしてください。

# Output Stage

 **Lesson 14の復習問題** | 解答・解説 Answer Key p. 034

次の英文を、日本語の意味になるように全文を書き替えましょう。

(1) We cook dinner. → 夕食を作りましょう。

_____

(2) You cross the street. → その道を渡らないで。

_____

(3) You are quiet. → 静かにしてください。（※文末に please を加えて）

_____

(4) You close the door. → ドアを閉めて。

_____

 **Lesson 15の演習問題** | 解答・解説 Answer Key p. 035

## 1. 聞く🎧 ▶52

音声を聞きながら、「子音を重ねて ing 形」になるパターンの発音練習をしましょう。音声は「一般動詞の原形」、「一般動詞の現在進行形」の順です。

(1) stop  stopping  (2) run  running

(3) sit  sitting  (4) swim  swimming

## 2. 書く ✏️

[A] 次の肯定文を、現在進行形に書き替えましょう。

(1) They enjoy shopping.　　　　　　　　　＊名詞 shopping（ショッピング、買い物）

_____

(2) Mike comes here.

_____

(3) My brothers swim in the pool.　　　　　　　　　＊ in the pool（プールで）

_____

(4) We listen to music.　　　　　　　　　＊ listen to ...（…を聴く）

_____

[B] 次の英文を、（　　）内の指示に従って全文を書き替えましょう。

(1) You're using this chair now.（疑問文に）

_____

(2) He is cleaning the room.（否定文に）

_____

(3) She's driving.（現在形に）

_____

(4) Tom studies Japanese.（現在進行形に）

_____

[C] 次の日本語の意味になるように、（　　）内の語（語句）を正しく並べ替えましょう。

(1) あなたは彼らを待っているのですか？（ waiting for / you / them / are ）?

* wait for ...（…を待つ）

(2) 私は手紙を書いています。( I / a letter / writing / am ).

(3) あなたは動物が大好きなのですか？（ love / you / animals / do ）?

(4) 僕はテレビを見ていません。( TV / watching / not / I'm ).

(5) 僕はあなたを知っています。( know / I / you ).

# 3.

次の疑問文に対する返答文として適切なものを選んで記号で答えましょう。ただし、不要な選択肢が2つありますので注意してください。

(1) Are you leaving?（　　）

* leaving ＜動詞 leave（出発する）の ing 形

(2) Do you eat sushi?（　　）

(3) Is Sakuma sleeping?（　　）

[選択肢]　(a) No, I do.　(b) Yes, I am.　(c) Yes, I do.　(d) Yes, he does.
(e) No, he isn't.

# Lesson 16 一般動詞の過去形

**Introduction**  ▶53

それでは前回のレッスンに引き続き、「時」に関する新しい表現を勉強しましょう！

今日は、**現在の習慣や状況を表す現在形**（…します）から「時」をさかのぼり、「…しました」
と過去の出来事を表現する過去形を学びます！

書く ✏ 現在形から過去形の言い替え練習をしてみましょう。

I play soccer.　　　　　　　　　（私はサッカーをします）

→ I play<u>ed</u> soccer.　　　　　（私はサッカーをしました）

He plays soccer.　　　　　　　（彼はサッカーをします）

→ He play<u>ed</u> soccer.　　　　（彼はサッカーをしました）

Day
21

play や plays など、主語によって一般動詞の語尾に s/es が付いたり付かなかったりするのが
現在形でしたね。そして、「一般動詞の語尾＋ ed」の形が、今回勉強する過去形です。
**動詞の形によって、「現在」や「過去」を表現することができるわけですね。**

「時」の表現（時制）は、形を間違えば大きな誤解を生んでしまいます。それゆえに、多くの
英語学習者が苦手とするところではありますが、しっかりと理解する必要のある単元です。**一
度に覚える必要はありませんので、何度も復習し、確実に使える**ようにしましょう。

それでは早速、本編で過去形をチェックしていきましょう！

**Input Stage** ▶**54**

 # 一般動詞の現在形と過去形の違い

これまで皆さんが勉強してきた現在形では、過去の話をすることはできません。**現在形は、「現在の習慣や状況」**を述べる形です。

一方、今日勉強する過去形は、「過去に起こった（終了した）出来事（動作）」を述べる形です。両者の違いについて、例文を元にさらに確認してみましょう。

現在形：**You work hard.**　（あなたは熱心に働きます）
ワーク

過去形：**You worked hard.**　（あなたは熱心に働きました）

現在形の方は、「あなたは普段から熱心に働く」ということを表現しています。

一方過去形は、今現在も熱心かどうかは分からないけれども、「（過去のある時点で）熱心に働いた」ということを表しています。

ポイントは、過去形は現在形で示される現在の状況とは無関係で、過去に限定される内容を表現するということです。

 # 一般動詞の過去形 ed の形

一般動詞の現在形について思い出してください。一般動詞の語尾が変化するのは、主語がhe/she/it のときだけでしたね。

ところが、過去形は、主語が何であろうと、すべて「**一般動詞の語尾＋ ed**」となります。

現在形：**He cooks dinner.**　（彼は夕食を作ります）

過去形：**He cooked dinner.**　（彼は夕食を作りました）

この過去形を示す ed の形にはいくつかパターンがあります。

早速、まとめてチェックしておきましょう。

| 原形 | 過去形 | ポイント |
|---|---|---|
| **play**（…をする） | **played** | ほとんどの動詞は語尾に **ed** |
| **like**（…が好き） | **liked** | 語尾が **e** で終わる動詞は **d** だけ |
| **study**（…を勉強する） | **studied** | 語尾「子音字＋**y**」→**y** を **i** に変えて **ed** |

| stop（…を止める）<br>プラァン<br>plan（…を計画する） | stopped<br>planned | 語尾「1母音字＋1子音字」<br>→子音を重ねて ed になる |
|---|---|---|
| have（…を持っている）<br>go（行く） | had<br>went | 不規則に変化する |

**They played baseball.**　（彼らは野球をしました）
**You liked Susan.**　（君はスーザンが好きだったね）
**I studied hard.**　（僕は一生懸命に勉強しました）

studied は、現在形の3人称単数形 studies と同じ要領ですね。

デュリンキング
**He stopped drinking.**　（彼は飲むのを止めました）

＊名詞 drinking（［アルコール飲料などを］飲むこと）

**She planned a trip.**　（彼女は旅行を計画しました）

このように、「1母音字＋1子音字→語尾を重ねて ed」のポイントは、**進行形の ing パターーンにあったものと同じ**ですね。語尾の2つのアルファベットに注意しましょう。

stop [stáp]…st　o　p
　　　　1母音字　1子音字
plan [plǽn]…pl　a　n
　　　　1母音字　1子音字

そして、進行形 ing パターーンと同様に、visit [vízit] のように1母音字にアクセントのないものは、子音字を重ねずに ed となります。（×）visitted

**You had a nice car.**　（君は素敵な車を持っていたね）
**I went there.**　（私はそこへ行きました）

Day
21

これらは、上記4つのポイントに従わない、不規則に変化する過去形ですね。レッスンや演習を通して代表的なものは登場しますので、その都度覚えていけば OK です。

## 🐶 過去形と用いる過去を示す副詞

副詞の中には、過去であることをハッキリ示し、過去形の文で用いることができるものがあります。
では、代表的なものを3つ覚えておきましょう。

| | |
|---|---|
| **yesterday**（昨日）<br><sub>イェスタデイ</sub> | **He came here yesterday.**（彼は昨日ここに来ました） |
| **then**（その時）<br><sub>ゼン</sub> | **I saw her then.**（私はそのとき彼女を見ました） |
| **last …**（この前の…）<br><sub>ラァスト</sub> | **I visited him last week.**（私は先週、彼を訪ねました） |

## 過去形の否定文「…しませんでした」

では次に、「…しませんでした」を表す、過去形の否定文をチェックしましょう。
形が違うだけで、ポイントは現在形とまったく同じです。

肯定文：**I had a dream.**（私には夢がありました）
　　　　　過去形

否定文：**I didn't have a dream.**（私には夢がありませんでした）
　　　　　　　　　原形

現在形と同じく、否定文では過去形 had が原形 have に戻ります。そして、現在形では主語によって don't と doesn't の使い分けがありましたが、過去形は didn't のみです。

| 現在形（…しません） | 過去形（…しなかった） |
|---|---|
| 主語＋ **don't/doesn't** ＋一般動詞の原形<br>※ 主語が he/she/it の場合は doesn't | 主語＋ **didn't** ＋一般動詞の原形 |

## 過去形の疑問文「…しましたか？」

それでは今日のレッスンの最後に、「…しましたか」と、過去の内容に対して尋ねる（確認する）疑問文を押さえましょう。これも、ポイントは現在形と同じです。

肯定文：**You helped him.**（君は彼を助けました）
　　　　　　　過去形

疑問文：**Did you help him?**（君は彼を助けましたか？）
　　　　　　　　　　ヘゥプ

否定文と同じで動詞は原形、そして現在形の疑問文での do/does は did になります。

| 現在形「…しますか？」 | 過去形「…しましたか？」 |
|---|---|
| **Do/Does** ＋主語＋一般動詞の原形 …?<br>※ 主語が he/she/it の場合は does | **Did** ＋主語＋一般動詞の原形 …? |

それでは、疑問文に対する返事の仕方もチェックしておきましょう。

**A: Did you like her?** （彼女が好きだったの？）
**B: Yes, I did.** （うん、好きだったよ）

**A: Did Yoshi call you?** （ヨシは君に電話をしたの？）
**B: No, he didn't.** （いや、かけてこなかったよ）

ポイントは現在形と変わりません。

yes/no で**答える**ということ、そして**返答文の主語**（Yoshi）は**代名詞**（he）**に変化する**ということですね。

| | |
|---|---|
| 肯定の返事（はい） | **Yes,** 代名詞の主語＋ **did.** |
| 否定の返事（いいえ） | **No,** 代名詞の主語＋ **didn't.** |

また、do/does は **did**、don't/doesn't は **didn't** と、過去形の場合は did（n't）1 つしかなく、主語によって使い分ける必要はないという点も覚えておきましょう。

| 現在形 | 過去形 |
|---|---|
| **do/does** | **did** |
| **don't** [=do not] **/doesn't** [=does not] | **didn't** [=did not] |

## Output Stage

 **Lesson 15 の復習問題** | 解答・解説 **Answer Key p. 037**

次の英文を、現在進行形を用いた文に書き替えましょう。

（1）She watches a movie.

（2）I don't help my mother.

（3）Many students enjoy the class.

（4）Do you have a good time?　　　　　　　　＊動詞 have（…を過ごす）

 **Lesson 16 の演習問題** | 解答・解説 **Answer Key p. 037**

### 1. 聞く🎧 ▶55

音声を聞きながら、一般動詞の過去形 ed の発音パターンを練習しましょう。以下のポイントを参考に、「一般動詞の原形」、「一般動詞の過去形」の順に練習してください。

| パターン | 発音 | 発音ポイント |
|---|---|---|
| 1 | ド[d] | 動詞の語尾が [d] 以外の有声音（濁音や母音の音 [声帯の振動する音]）であればこの音 |
| 2 | トゥ[t] | 動詞の語尾が [t] 以外の無声音（濁音や母音以外の息で発する音 [声帯が振動しない音]）であればこの音 |
| 3 | イッド[id] | 動詞の語尾が [d] [t] の発音であればこの音 |

パターン **1**：
(1) play  played  (2) study  studied
(3) use  used  (4) enjoy  enjoyed

パターン **2**：
(1) like  liked  (2) stop  stopped
(3) cook  cooked  (4) work  worked

パターン **3**：
(1) visit  visited  (2) want  wanted
(3) wait  waited  (4) hand  handed

＊動詞 wait（待つ）、hand（…を手渡す）

## 2. 書く✏

[A] 次の英文の文末に（　）の語を加えて、過去形を用いた文に書き替えましょう。

(1) I study English.（yesterday）

(2) I use my dictionary.（then）　　　　　　＊名詞 dictionary（辞書）

(3) I enjoy walking.（last Sunday）　　＊名詞 walking（ウォーキング）、Sunday（日曜日）

Day
21

[B] 次の英文を、否定文に書き替えましょう。

(1) We waited for her.

(2) He had breakfast then.

[C] 次の英文を疑問文に書き替えましょう。

(1) They played golf last Sunday.

(2) She studied Japanese yesterday.

[D] 次の疑問文に対する返答文を、(　　) 内の語を用いて書きましょう。

(1) Did you call me yesterday? (No)

(2) Does Osamu read books? (Yes)

(3) Did Yoshiko enjoy the party? (Yes)

## Evine's Word

自分が避けている苦手分野が、実は伸びしろです。そこを克服すれば成長があります。とてもシンプルです。

# Lesson 17 can「…できる」の表現

 **Introduction**  ▶56

今日勉強するのは、「動詞を助ける」と書いて助動詞と呼ばれる can です。この can を用いると、一般動詞に「…することができる」という意味を加えることができます。この can は、日常会話で非常に重宝します。

---

**書く** ✎　基本文に can を加える練習をしてみましょう。

I swim fast.　　　　　（私は速く泳ぎます）

I can swim fast.　　　（私は速く泳げます）

テイク
You take a bus.　　　（あなたはバスに乗ります）

You can take a bus.　（あなたはバスに乗ることができます）

She cooks well.　　　（彼女は上手に料理をします）

She can cook well.　　（彼女は上手に料理ができます）

---

まず can の場所に注目してください。助動詞 can は動詞を助ける単語ですから、常に動詞の前で用いてサポートをします。

そして、「泳ぎます」→「泳げます」、「乗ります」→「乗ることができます」、「料理をします」→「料理ができます」と、一般動詞本来の意味に「…できる」の意味が加わりましたね。これが can の働きです。それでは、can について本編で詳しく勉強しましょう！

 **Input Stage**  ▶57

## can を用いた英文「…することができる」

助動詞 can は一般動詞に「…することができる」という意味を加える、日常会話のさまざまな場面で使われる定番の単語です。
それでは早速、英文 a、b を比較して、基本的な働きをチェックしましょう。

　　**a: He** <sub>現在形</sub> **plays the piano.**
　　　　　　　　　　　　　　　　　　ピアノウ

　　　（彼はピアノを弾きます）

　　**b: He can** <sub>一般動詞の原形</sub> **play the piano.**

　　　（彼はピアノを弾くことができます）

まずは、形の上での大きなポイントがあります。「主語＋ can ＋一般動詞の原形」ですね。英文 a の 3 人称単数現在形 plays が、can の後ろでは原形になっていることをしっかり押さえてください。

　　（×）　He can plays the piano.

そして、現在の習慣を表現した現在形「ピアノを弾く」が、can を用いることで、「**ピアノを弾くことができる**」となり、「**…できる**」とその能力を明確にした表現になっています。

では、次の文はどうでしょう？

　　**I can use this room.**　（私はこの部屋を使うことができます）

この文は、能力というよりは、**可能であること**を表していますよね。
このように、助動詞 can は能力に関係なく、**可能であること**を表す場合にも用いることができます。

> **主語＋ can ＋一般動詞の原形**
> （主語は）…することができます。（能力・可能）

150

# 🐕 can の否定文「…することができない」

それでは次に、can の否定文「…することができない」をチェックしましょう。

肯定文：**I can speak English.** （私は英語が話せます）
否定文：**I can't [cannot] speak English.** （私は英語が話せません）

can の否定形は can't または cannot です。通常、is not や do not のように、(×) can not と離しては使わないので注意しましょう。

**主語＋ can't [cannot] ＋一般動詞の原形**
（主語）は…することができません。

それでは一度、これまでに登場した否定文と一緒に整理しておきましょう。

| 現在形 | be 動詞 | **You're not busy./ You aren't [are not] busy.**<br>（あなたは忙しくありません） |
|---|---|---|
| | 一般動詞 | **You don't [do not] use it.** （あなたはそれを使いません） |
| 過去形 | 一般動詞 | **You didn't [did not] use it.** （あなたはそれを使いませんでした） |
| can | 一般動詞 | **You can't [cannot] use it.** （あなたはそれを使えません） |

# 🐕 can の疑問文「…できますか？」

次に、can の疑問文「…できますか？」をチェックしましょう。

肯定文：**You can speak English.** （あなたは英語が話せます）
疑問文：**Can you speak English?** （あなたは英語が話せますか？）

主語と can の位置を反対にして文末に「?」を付けたら、疑問文の完成です。簡単ですね！

**Can ＋主語＋一般動詞の原形 ...?**
（主語）は…できますか？

では、can を用いた疑問文に対する返事の仕方も押さえておきましょう。

**A: Can you get the ticket?** （そのチケットを手に入れられるの？）
**B: Yes, I can.** （うん、できるよ）

**A: Can Yumi drive a car?** （ユミは運転できるの？）
**B: No, she can't [cannot].** （いや、できないんだ）

基本ポイントはこれまでと同じです。

yes/no で答えること、そして**返答文の主語（Yumi）は代名詞（she）に変化する**ことです。

また、can を用いた疑問文に対しては can で答える、ということも覚えてください。

ではここで、これまでに登場した疑問文をまとめて整理しておきましょう。

| | | |
|---|---|---|
| 現在形 | be 動詞 | **Are you free?** （あなたは暇ですか？）<br>**Yes, I am.** （はい、暇です）/<br>**No, I'm not.** （いいえ、暇ではありません） |
| | 一般動詞 | **Do you swim?** （あなたは泳ぎますか？）<br>**Yes, I do.** （はい、泳ぎます）/<br>**No, I don't.** （いいえ、泳ぎません） |
| 過去形 | 一般動詞 | **Did you swim?** （あなたは泳ぎましたか？）<br>**Yes, I did.** （はい、泳ぎました）/<br>**No, I didn't.** （いいえ、泳ぎませんでした） |
| can | 一般動詞 | **Can you swim?** （あなたは泳げますか？）<br>**Yes, I can.** （はい、泳げます）/<br>**No, I can't.** （いいえ、泳げません） |

be 動詞と can、一般動詞の現在形と過去形、それぞれの共通点も意識して整理しましょう。
あやふやな点があれば、前のレッスンに戻ってしっかり復習してくださいね。

## can を用いたカジュアルな依頼・許可表現

**A: Can you help me?** （手伝ってくれませんか？）
**B: Yes, I can.** （はい、いいですよ）

**A: Can I use the dictionary?** （その辞書を使ってもいいですか？）
**B: No, you can't [cannot].** （いいえ、使えません）

少し異なる意味合いで can が用いられているのが分かりますか？
実は、can は相手に何かをお願いする表現（依頼）や、自分が何かをしてもいいのかどうか
を確認する表現（許可）として用いることができるんです。

ただし、**can は「できるか、できないか」の能力や可能性を示す**というのが基本ですから、フォーマルな場面での依頼や許可表現としては用いないほうがよいです。カジュアルな日常会話の表現として覚えておきましょう。

| 依頼 | **Can you … ?**<br>…してくれませんか？ |
|---|---|
| 許可 | **Can I … ?**<br>…してもいいですか？ |

この表現の返答文としては、これまでどおり素直に Yes, I/you can.、No, I/you can't [cannot]. でも OK ですが、ほかにも、以下の表現を押さえておきましょう。

**A: Can you shut the window?**　（窓を閉めてくれませんか？）
（シャト）（ウィンドウ）
**B: Sure.**　（もちろんだよ）

この一言で、積極的な肯定を表すことができます。

**A: Can I talk to her?**　（彼女と話してもいいですか？）
**B: Sorry, you can't [cannot].**　（いや、できないんだ）
（サリ）

No, you can't [cannot]. はストレートな言い方なので、相手によってはキツイ印象を与えることがあります。その印象を和らげるためにも、このように Sorry, を文頭に置く文も使いこなしたいですね。

## Evine's Word

せっかく文法を理解しても、単語や熟語を知らなければ
何も発信できません。単語・熟語の学習も大切です！

## 🖊 **Output Stage**

 **Lesson 16の復習問題** | 解答・解説 **Answer Key p. 039**

次の英文を、過去形を用いた文に書き替えましょう。

(1) She likes coffee very much.

(2) He doesn't play tennis with Ken. ＊ with ...（…と一緒に）

(3) I study art in London. ＊名詞 art（芸術）、in London（ロンドンで）

(4) The bus stops in front of my house. ＊ in front of ...（…の前で）

 **Lesson 17の演習問題** | 解答・解説 **Answer Key p. 040**

## 1. 書く🖊

[A] 次の英文を、can を用いた英文に書き替えましょう。

(1) He cooks very well.

(2) Does she play golf?

(3) You don't ask questions. ＊動詞 ask（…を尋ねる）

[B] 次の英文を、（　　）内の指示に従って全文を書いてみましょう。

（1）Our cats eat vegetables.（否定文に）　　　　　　　　　　　　＊名詞 vegetable（野菜）

（2）He enjoyed the party.（疑問文に）

（3）Elephants can jump.（否定文に）

（4）You can ride a bicycle.（疑問文に）

（5）Can you help my brother?（これに対する肯定的な返答文）

# 2.

次の英文を日本語に直しましょう。

（1）He studied Japanese here.　　　　　　　　　　　　　　　　　＊副詞 here（ここで）

（2）He can study Japanese here.

（3）Can you stay with me?　　　　　　　　　　　　　　　　＊ stay with ...（…と一緒にいる）

（4）Can I use this computer?

# Lesson 18 「（主語）は…にいる・ある」の表現

## Introduction  ▶58

be 動詞は、これまでの勉強を通して、すでにお馴染みの動詞になっていますよね。
今日のレッスンでは、その be 動詞と場所を示す語句を組み合わせて、「（主語）は…にいる・ある」を表現する新しい形を勉強します！

---

書く✏ be 動詞を用いた新しい形を確認しましょう。

I am here. 　　　　　　　　　（私はここにいます）

She is there. 　　　　　　　　（彼女はそこにいます）

　　　イン　　　　　パーク
He is in the park. 　　　　　（彼は公園にいます）

　　　オン
It is on the desk. 　　　　　（それは机の上にあります）

---

下線部はすべて、「場所」を示す表現です。
また、これまでに勉強した be 動詞は、「…です」と主語の様子や状況を相手に紹介する働きをしていましたが、ここでの役割は少し違うようですね。

ポイントは、be 動詞が「場所」を表す語句と一緒になると、「（主語が）いる・ある」と存在を示す働きに変わるということです。
そして、「場所」を示す表現には、here（ここに）や there（そこに）などの 1 語の副詞と、in/on ＋名詞がセットになった形の、2 つのパターンがあるようですね。

それでは、新しい be 動詞の表現について、本編で詳しく勉強していきましょう！

 **Input Stage**  ▶59

## be 動詞の基本的な働き「…です」

まずは、be 動詞の基本的な働きを復習しておきましょう。

**Ryo is** <sub>名詞</sub>**a doctor.** （リョウは医者です）
**Ryo is** <sub>形容詞</sub>**busy.** （リョウは忙しいです）

OK でしょうか。覚えていましたか？ be 動詞は、「（主語）は…（名詞・形容詞）です」と、主語の様子や状況を説明する名詞や形容詞を主語と結び付ける働き（Ryo=a doctor / busy）をするのでしたね。

## be 動詞＋場所を表す「副詞」

それでは、新しい be 動詞の働きをチェックしましょう！

**Ryo is here.** （リョウはここにいます）
**Ryo's sister is there.** （リョウの姉はそこにいます）
**His house is over there.** （彼の家はあそこにあります）
オウヴァ

先ほど復習した「…です」の be 動詞との違いがわかりましたか？
そうです。実は、「場所」を表す副詞と一緒に使われる be 動詞は、「（主語）が…（場所）にいる・ある」という意味になるのです。

**It is** <sub>（…です）</sub>**interesting.** （それは面白いです）
**It is** <sub>（あります）</sub>**there.** （それはそこにあります）

here（ここに）、there（そこに）、over there（あそこに）が「場所」を表す副詞です。なお、over there は、2 語で一まとまりの場所を表す副詞となります。

**主語＋ be 動詞＋ here / there / over there.**
（主語）はここ（そこ / あそこ）にいます・あります。

Day
23

# be 動詞＋場所を表す語句

さて、場所を表す語句は、here や there のような 1 つの副詞であるとは限りません。
早速、例文を見てみましょう。

### I am in London.　（私はロンドンにいます）

### My cat is on the chair.　（私のネコはいすの上にいます）
キャット

このように、in や on などの前置詞と呼ばれる単語と名詞を組み合わせると、「場所」を表す語句を作ることができるのです。「前置詞＋名詞」の形を押さえてください。
実際の日常会話に登場する代表的なものを、例文と一緒にまとめておきます。

| in（…の中に・で） | It's in the bag.　（それはカバンの中にあります） |
| on（…の上に・で） | Many cars are on the road.（たくさんの車が道路の上にあります）ロウド |
| under（…の下に・で）アンダ | He's under the tree.　（彼は木の下にいます） |
| by（…のそばに・で）バイ | The cat is by my desk.　（そのネコが私の机のそばにいます） |
| near（…の近くに・で）ニア | We're near the lake.　（私たちは湖の近くにいます） |
| at（[場所]…に・で）アト | She's at home.　（彼女は家にいます） |

near と by の違いについては、near よりも by のほうが近距離を表します。基本的に、by は目で見えるほどの近さ、そこまでではない近さには near を用います。

また、in/at/on は次の基本イメージを押さえておくと便利です。

| in | at | on |
|---|---|---|
| 空間内部 | 四方囲まれた中 | ある一点の場所 | ある面に接地 |

## Output Stage

 **Lesson 17の復習問題** | 解答・解説 **Answer Key p. 041**

次の英文を、can を用いた文に書き替えましょう。

(1) You get a free coupon. ＊名詞 coupon（クーポン）

(2) He writes good English.

(3) She doesn't buy new shoes.

(4) Do you help me?

 **Lesson 18の演習問題** | 解答・解説 **Answer Key p. 041**

## 1.

次の英文を日本語に直しましょう。

(1) He's a good pilot.

(2) He's on the airplane.

(3) A lot of people are here for the party. ＊前置詞 for ...（[目的]…のために）

159

## 2. 書く🖋

次の（　　）内の語（語句）を、自然な意味になるように正しく並べ替えましょう。

(1)（ home / am / at / I ）.

(2)（ new / he's / here ）.　　　　　　　　　　　＊形容詞 new（新入りの、新しい）

(3)（ there / you / are ）?

(4)（ in / not / she's / the kitchen ）.

## 3.

次の日本語の意味になるように、（　　）に当てはまるものとして適切なものを選んで記号で答えましょう。ただし、不要な選択肢が2つありますので注意してください。また、各記号は1度しか使えません。

(1) 彼はその公園にいません。　He isn't（　　）the park.

(2) 彼らは向こうにいます。　They are（　　）.

(3) 私のネコがテーブルの下にいます。　My cat is（　　）the table.

(4) あなたは海の近くにいるんですか？　Are you（　　）the sea?

(5) あなたの本は机の上にあります。　Your book is（　　）the desk.

[選択肢]　(a) there　(b) on　(c) over there　(d) near　(e) here　(f) under　(g) in

## Chapter 3
# Review まとめ問題 3

L.15〜18で勉強した内容の定着度を確認しましょう。
間違えた個所については、別冊回答集に記載されている参照レッスンを復習して、確実に
マスターしましょう！

解答・解説 Answer Key p.042

## 1. 聞く 🎧 ▶60

聞こえてくる疑問文に対する答えとして、正しいものを1つずつ下から記号で選びましょう。
ただし、各記号は1度しか使えません。

(1)（　　）　(2)（　　）　(3)（　　）　(4)（　　）

(a) Yes, they are.　(b) No, I didn't.　(c) Sure.　(d) Yes, she is.

## 2. 書く ✏

[A] 次の日本語の意味になるように、空欄に当てはまる語を書きましょう。

(1) 今朝、あなたはお皿を洗いましたか？

（＿＿＿＿＿＿）you（＿＿＿＿＿＿）the dishes this morning?

(2) あなたはそれができますか？

（＿＿＿＿＿＿）you（＿＿＿＿＿＿）（＿＿＿＿＿＿）?

(3) 私たちの家は海の近くにあります。

Our house（＿＿＿＿＿＿）（＿＿＿＿＿＿）the sea.

Day
24

(4) 彼は、先週の水曜日に学校に行きませんでした。

He ( _____ ) ( _____ ) to school ( _____ ) Wednesday.

(5) 彼女は自転車に乗れません。

She ( _____ ) ride a bike.

(6) 私の父はタバコを吸うのを止めました。

My father ( _____ ) smoking.

[B] 次の（　　）内の指示に従って、全文を書き替えましょう。

(1) I study English in the library.（文末に yesterday を用いた過去形に）

(2) Do you use this dictionary?（現在進行形に）

(3) We had dinner at home.（否定文に）

(4) You get postcards here.（「…できる」という意味の文に）

[C] 次の英文を、下線部の意味の違いに注意して日本語に直しましょう。

(1) I'm a guide in Alaska.

*名詞 Alaska（[米国の] アラスカ州）

(2) I'm in Alaska.

[D] 次の（　　）内の語（語句）を、文法的に正しく並べ替えましょう。ただし、<u>不要な語が１つずつ</u>ありますので注意しましょう。

（1）( in / Joan and Tomoko / on / are ) the U.S.

＊A and B（A と B）

（2）( can / he / helps / us / help ) .

## Evine's Column

現在進行形、過去形、そして助動詞 can など、表現力の幅を広げる重要な表現を勉強しました。しっかり整理できていますか？ これらは、基本的な英文の形がちゃんとに頭に入っていなければ混乱の元となるため、Chapter1、2 の復習にも注力しましょう。新しい単元でつまずいたら、既に勉強した単元に戻り復習してみてください。きっと理解力が増しますよ。復習方法として「同じ演習を解くことに意味があるの？」といったご相談を受けることもありますが、問題の解答を誰かに解説できるようなレベルになるまで、何度でも解く価値はあります。他にも和訳や英訳など、色んな角度から復習してみましょう。

# Chapter

## 4

# 表現の幅を
# 広げよう!

# Lesson 19 接続詞 and/or/but

## Introduction ▶61

このチャプターでも、どんどん便利な表現を覚えて会話の幅を広げていきましょう！
今日は、語句と語句そして文と文を結び付ける接続詞 and/or/but を勉強します。
接続詞はそれぞれに特徴があり、何をどのように結び付けるのかが異なります。

---

**書く ✏** 接続詞の使い方を確認しましょう。

I have two pens <u>and</u> a notebook.

（私は２本のペンとノートを持っています）

I want a cup of coffee <u>or</u> tea.

（私は１杯のコーヒーかお茶が欲しいです）

She likes vegetables, <u>but</u> I don't.

（彼女は野菜が好きです。しかし、僕は好きではありません）

---

下線部が今回勉強する接続詞です。どうでしょうか？
接続詞によってどんな表現になっているのか、その特徴がつかめますか？

簡単に言えば、**and** は two pens と a notebook を１つにまとめてしまう「合体」の接続詞。
**or** は and のようにまとめるのではなく、a cup of coffee と a cup of tea のどちらかを「選択」
させるための、選択肢の提示。そして but は、前後の内容を比較すれば、「反対」の内容を示
すというのが分かりますね。このように、同じ接続詞でもその働きはさまざまです。

それでは、接続詞の働きの違いについて、本編でしっかり勉強しましょう！

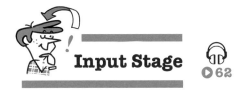

## **Input Stage**  ▶62

## 🐕 接続詞 and の働き

まずは、定番の接続詞 and をチェックしましょう。

### **I want some milk and cookies.** （私は牛乳とクッキーが欲しいです）

* some ... （いくらかの…）

and は、「…と〜」 という意味で、前後の語句（some milk と cookies）を合体させる働きがあります。これが and の基本です。

そして、このようにシンプルな語句と語句を合体させるだけとは限りません。

### **I work hard and (I) play hard.**

（僕は一生懸命に働き、そして一生懸命に遊びます）

このように、「…、そして〜」 という意味で、文と文（I work hard. と I play hard.）をつなげることもできるのです。

この文では、play の前の主語が（I）となっていますが、文意より主語が同じと分かる場合は省略するのが普通です。

### **I work hard and he plays hard.**

（僕は一生懸命に働き、そして彼は一生懸命に遊びます）

このように、主語が異なる場合は省略できませんので、注意しましょう。

| 合体の接続詞 | **A and B**<br>A と B／A、そして B |
|---|---|

Day
25

## 🐕 主語に「A and B」を用いた場合に注意しよう

主語 **[Ken and Jun] are good friends.**

（ケンとジュンは親友です）

主語 **[Ken and Jun] work very hard.**

（ケンとジュンはとても熱心に働きます）

主語が Ken または Jun のみの場合は、3 人称単数となり動詞は is や works となりますが、2 人を and で一緒にすれば複数の they（彼らは）となります。よって、動詞の形などが変化しますので注意しましょう。

（×）Ken and Jun is a good friend.

is は主語が 3 人称単数（he/she/it）の場合のみです。さらに、**友だちは 2 人になるわけで**すから、「1 人の友だち」を意味する a good friend は誤りですね。

（×）Ken and Jun works very hard.

Ken and Jun = they ですから 3 人称単数形の s は不要です。

##  接続詞 or の働き

それでは次に、接続詞 or をチェックしましょう。

### Four or five people came to me.
ビーポゥ
（4、5 人［4 人か 5 人］の人々が私のところに来ました）

「…か〜」「…または〜か」という意味で、**接続詞 or** は「選択」を表します。
「合体」の and と違って「**どちらか一方**」を示します。

| 選択の接続詞 or | **A or B**<br>A か B か／A または B か |
| --- | --- |

そして、or を用いた疑問文には注意点が 2 つありますので、チェックしておきましょう。

### Do you drink wine?　（あなたはワインを飲みますか？）
ワイン

### Do you drink wine or beer?
ビア
（あなたはワインを飲みますか、それともビールを飲みますか？）

普通の疑問文は、最後の文末を上げ調子（↗）で発音しますが、or を用いた疑問文の場合、or の前で上がり（↗）、or の後が下がり（↘）ます。

加えて、返答の仕方にも注目しましょう。
**普通の疑問文に対する返事は Yes, .../No, ... でしたね。**ところが or の疑問文は、相手にどちらかを選んでもらうために「選択肢」を挙げているわけですから、答える側もそのうち 1 つを選んで答えることになります。「どちら？」と尋ねられて **yes/no で答えるのは不自然**ですよね。これは注意したいポイントです。

**Is this a river or a lake?** 　（これは川ですか、それとも湖ですか？）
リヴァー

**It's a lake.** 　（それは湖です）

なお、Is this/that ...? に対する返答文の主語は it（それは）になります。複数形 Are these/those ...? の場合の返答文の主語は、it の複数形 they（それらは）になります。

## 接続詞 but の働き

それでは今日のレッスンの最後に、接続詞 but をチェックしましょう。

**We are poor but happy.** 　（私たちは貧しいけれど幸せです）
プアー

**話の流れに注目**してください。but は「…しかし～」「…だが～」という意味で、「反対」の内容を示す単語や英文同士を結びつける働きをします。聞き手が予想する話の流れ（展開）と逆になるのですね。

**I like him, but my mother doesn't.**
マザー
（私は彼が好きです、しかし母は好きではありません）

接続詞 and の例文同様、今回の例文でも省略が起きていますね。my mother doesn't（like him）と like him が**省略**されています。前半の内容と重なっていて、省略される内容が明白であれば、省略したほうがスッキリしますよね。

| 反対の接続詞 but | **A but B**<br>A しかし B／A だが B |
| --- | --- |

※主語が異なる 2 つの文を結びつける場合は、コンマ（,）＋ and/or/but ... とするのが一般的です。

**◉ Output Stage**

 **Lesson 18の復習問題** | 解答・解説 **Answer Key p. 046**

次の英文を日本語に直しましょう。

（1）She's over there.

（2）She's a nurse.

（3）Are you in Okinawa?

（4）Are you from Nagoya? ＊前置詞 from ...（…出身の、…から）

（5）It's on my desk.

 **Lesson 19の演習問題** | 解答・解説 **Answer Key p. 046**

**1.** 話す🗣 ▶63

or を用いた疑問文の音読練習をしましょう。

（1）Do you study English at school?

（2）Do you study English or French?

（3）Did you go to Kobe or Osaka?

## 2. 書く ✏️

[A] 次の日本語を参考に、（　）内のうち適切なものを選び、解答欄に書きましょう。

(1) サンドイッチと紅茶をください。

Can I have a sandwich ( or / and / but ) a cup of tea, please?

(2) タロウと私は図書館にいます。

Taro and I ( am / is / are ) in the library.

(3) その少年は物静かですが、とても活動的です。

The boy is quiet ( and / or / but ) so active.

*副詞 so（とても）（=very）、形容詞 active（活動的な、積極的な）

(4) あなたは彼に話しているのですか、それとも私ですか？

Are you talking to him ( and / or / but ) me?　　　* talk to ...（…と話す、…に話しかける）

| (1) | (2) |
|-----|-----|
| (3) | (4) |

[B] 次の日本語の意味になるように、（　）内の語（語句）を正しく並べ替えましょう。

(1) 私たちは川に行きましたが、泳ぎませんでした。

We ( to the river / but / went / didn't swim ).

(2) これは野菜ですか、もしくは果物ですか。

Is ( a vegetable / a fruit / or / this )?

(3) 彼は韓国語と日本語を話せます。  He ( and / speak / Japanese / can / Korean ).

＊名詞 Korean（韓国語）

# 3.

次の英文が自然な意味になるように、（　　）に当てはまるものを下の選択肢から 1 つずつ選び、記号を書きましょう。

(1) She visited him (　　).

(2) Is she a nurse (　　)?

(3) I know Ken (　　).

[選択肢]　(a) or a doctor　　(b) , but I didn't　　(c) and his sister

# 4.

次の疑問文に対する返答文として正しいものを、下の選択肢から 1 つずつ選びましょう。ただし、不要な選択肢が 2 つありますので注意してください。

(1) Is it big or small? (　　)

(2) Do you eat rice? (　　)

(3) Do you eat bread or rice for breakfast? (　　)

[選択肢]　(a) It's big.　(b) Yes, it is.　(c) No, it isn't.　(d) No, I don't.
　　　　　(e) I eat bread.

## Evine's Word

当たり前ですが、理解できるまで何度も繰り返してください。色んな角度から弱点を見つめ直しましょう！

# Lesson 20 疑問詞
## what/who/whose

**Introduction**   ▶64

今日のレッスンから3回に分けて、コミュニケーションに欠かせない「**質問力**」を**アップ**させる便利な言葉、疑問詞を学んでいきます！

疑問詞は、質問する内容によって使い分けるのがポイントです。本日勉強するのは、what/<sup>ワット</sup>who/whose の3つの疑問詞です。

---

書く✏️ 疑問詞 what/who/whose の使い方を確認しましょう。

### What do you like? – I like shopping.

（あなたは何が好きですか？―私は買い物が好きです）

### Who's that girl? – She's Sara.
<sup>ガーゥ</sup>

（あの女の子は誰ですか？―彼女はサラです）

### Whose is this coat? – It's mine.
<sup>コウト</sup>

（このコートは誰のものですか？―それは私のです）

---

下線部で示したものが、今回勉強する疑問詞ですね。

「何」 → what、「誰」 → who、「誰のもの」 → whose と、尋ねたい内容に合わせて疑問詞が使い分けられています。

そして、疑問詞を用いた疑問文の返答文は、Yes,... /No,... になっていないことにも注目しましょう。答えをよく見てみると、尋ねられている内容がちゃんと答えに入っていますよね。これも見逃せないポイントです。

最低限でも、疑問詞を用いて質問するスキルが身に付けば、表現の幅は格段に広がります。コミュニケーションにおいては、積極的に質問をして、相手に関心を抱いていることを示すことも大切です。

それでは疑問詞について、本編でしっかり学習しましょう。

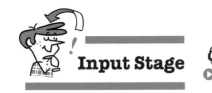

# 疑問詞 what を用いる疑問文

**Input Stage** ▶65

それでは、「何」という意味の疑問詞 what を用いた疑問文の作り方を見ていきましょう。

### Tom likes sushi. （トムは寿司が好きです）

トムが寿司好きであると分かっていればこのような英文が作れるのですが、**トムの好きなものが分からない場合**にはどうすればいいでしょう？

### Tom likes [?]. （トムは［?］が好きです）

ここで、what の登場です。まずはこの［?］を what に置き替えてみましょう。

### Tom likes [what]. （トムは［何］が好きです）

**最終的には、what を使って「尋ねる」英文、つまり疑問文を作りたいわけですよね。**
しかし、このままではまったく疑問文になっていませんので、これまでに勉強してきた知識を基に下線部を疑問文に直してみましょう。

### Does Tom like [what]? （トムは［何］が好きですか？）

さあ、最後の仕上げです。
ここで疑問詞の大切なルールを覚えてください。疑問詞は文頭に移動する！

### What does Tom like □？

**What** 疑問詞 ＿＿＿＿ 普通の疑問文の形 **does Tom like?** （トムは何が好きですか？）

これで完成です！整理しましょう。

「疑問詞（What）＋普通の疑問文の形」で具体的に何かを尋ねる表現になります。
疑問詞を文頭に置いたら、後ろはこれまで通りの疑問文を続ければいいわけですね。

**What's that?** （あれは何ですか？）

**It's a museum.** ミューズィーアム （博物館です）

That is ［　］. の ［　］ の部分を what に置き替えて、「疑問詞＋疑問文の語順」にしたものです。be 動詞の場合は、主語（that）と be 動詞（is）の位置を反対にすれば疑問文になりましたね。
また、返答文の主語はそのまま that を用いるのではなく、it（それ）で言い替えられますので注意しましょう。this の場合も同じく it で言い替えます。

## 疑問詞 who を用いる疑問文

what で話が長くなりましたが、他の疑問詞を用いた疑問文についてもポイントは同じです。それでは、「誰」を意味する疑問詞 who を学びましょう！

**Who is he?** （彼は誰ですか？）
**He is your new boss.** ボース （彼はあなたの新しい上司です）

疑問詞 who を用いることで、「誰？」と人物を尋ねる疑問文が作れるわけですね。He is ［　］.（彼は…です）の ［　］ の部分を who に置き換えて、「疑問詞＋疑問文の語順」にしたものですね。

**Who's that actor?** アクタ （あの俳優は誰ですか？）

**That actor is Tom Hanks.** （あの俳優はトム・ハンクスです）

なお、be 動詞と一緒に用いる疑問詞 what や who は、what's［what is］、who's［who is］ のように、短縮形で用いられることがよくあります。覚えておきましょう。

## 疑問詞 whose を用いる疑問文

今日のレッスン最後の疑問詞は、who の仲間である「誰のもの」を意味する whose です。who は「人物」を尋ねる疑問詞ですが、whose は「所有者」を尋ねる疑問詞です。
それでは、例文をチェックしましょう。

**Whose is this car?** （この車は誰のものですか？）
**It's <u>my father's</u>.** （それは私の父のものです）

疑問詞 who で尋ねた場合は、「人物」が返答文に入りますよね。whose の場合は「所有者」を尋ねていますので、my father's（私の父のもの）と所有を示す形が返答文に入ります。しっかり押さえておきましょう。

※ mine、yours など、「所有」を示す形を忘れている場合は L.11 を復習しましょう。

**Whose is this jacket?** <ruby>ジャケット</ruby>（この上着は誰のものですか？）
**It's <u>mine</u>.** （それは私のものです）

それでは、今回チェックした疑問詞を整理しましょう。

| | |
|---|---|
| 「何」という意味で「物事の内容」を尋ねる | **What** ＋疑問文の語順？ |
| 「誰」という意味で「人物」を尋ねる | **Who** ＋疑問文の語順？ |
| 「誰のもの」という意味で「所有者」を尋ねる | **Whose** ＋疑問文の語順？ |

 # 疑問詞を用いた疑問文の文末の発音に注意

**Do you want a job?** <ruby>ジョブ</ruby>（あなたは仕事が欲しいですか？）

**What do you want?** （あなたは何が欲しいですか？）

普通の疑問文であれば文末を上げ調子（↗）で発音しますが、疑問詞を用いた英文は通常、文末を下げ調子（↘）で発音します。注意しましょう。

### Evine's Word

「一向に話せる気がしない…」――初級の段階を抜けるまで誰もが経験する辛さです。でも気づけば解決しているものなんですよ！

## ❀ Output Stage

 **Lesson 19の復習問題** | 解答・解説 **Answer Key p. 048**

次の日本語に合うように、英文の（　　）に必要な接続詞を and/or/but のいずれかから選び書きましょう。同じ接続詞を何度使っても構いません。

（1）私たちは車と運転手が必要です。

We need a car (　　　　　　　) a driver.

（2）あなたはサラダが好きですが、僕は好きではありません。

You like salad, (　　　　　　　) I don't.

（3）あなたはコーヒーが欲しいですか、それとも紅茶ですか？
　　 ―ええっと、コーヒーをお願いします。

Do you want coffee (　　　　　　　) tea? ― Well, coffee, please.

（4）彼はシャイだけど、とても面白いです。

He's shy (　　　　　　　) very interesting.

（5）アサトとサクマはとてもかわいいです。

Asato (　　　　　　　) Sakuma are so cute.

 **Lesson 20の演習問題** | 解答・解説 **Answer Key p. 048**

**1.** 話す👄 ▶66

様々な疑問文の音読練習をしましょう。

（1）Is this a desk or a table?

(2) Do you want a girlfriend?

(3) What are you reading?

(4) What do you want?

(5) Do you read novels?

## 2. 聞く 🎧 ●67

音声の質問に対する答えとして、適切なものを1つずつ選び（　　）に記号を書きましょう。ただし、各記号は1度しか使えません。

(1)（　　）　(2)（　　）　(3)（　　）　(4)（　　）　(5)（　　）

[選択肢]　(a) It's yours.　(b) I like apples.　(c) Jack.　(d) Yes, I do.
　　　　　(e) He's my brother.

## 3. 書く ✏

[A] 次の日本語の意味になるように、（　　）内の語（語句）を正しく並べ替えましょう。

(1) あなたは何が好きですか？（ you / do / like / what ）？

(2) このコップは誰のですか？（ this glass / whose / is ）？

(3) あの男性は誰ですか？（ man / is / who / that ）？

[B] 下線部の内容を尋ねる疑問詞を用いた疑問文になるように、（　　）に適切な語を書きましょう。(4) は日本語訳も参考にしましょう。

(1) (＿＿＿＿＿＿＿) (＿＿＿＿＿＿＿) he?

He is <u>my English teacher</u>.

(2) (＿＿＿＿＿＿＿) (＿＿＿＿＿＿＿) this handkerchief?

It's <u>hers</u>.

(3) (＿＿＿＿＿＿＿) (＿＿＿＿＿＿＿) she play?

She plays <u>the flute</u>.　　　　　　　　　　＊名詞 flute（フルート）

(4) 彼らは何をしているところですか？

(＿＿＿＿＿＿＿) (＿＿＿＿＿＿＿) they doing?

They are <u>making hamburgers</u>.　　　　　＊ doing：動詞 do（…をする）の ing 形

# 4.

次の疑問文に対する返答文として、正しいものを下から 1 つずつ記号で選びましょう。ただし、各記号は 1 度しか使えません。

(1) Whose are these socks? (　　)　　　(2) What's that? (　　)

(3) Who's that girl? (　　)　　　　　　(4) Did you watch the World Cup? (　　)

(5) What did you do yesterday? (　　)

[選択肢]　(a) It's a shrine.　　(b) She is my daughter.
　　　　　(c) I went to a party with my girlfriend.　　(d) Of course, I did.
　　　　　(e) They are my brother's.　　　　　　　　＊ of course（もちろん）

# Lesson 21 疑問詞
## when/what time/where

 Introduction  🎧 ▶68

それでは前回に引き続き、疑問詞の勉強です！

今日は、「時」を尋ねる疑問詞 when、what を用いた「時刻」の尋ね方、そして「場所」を尋ねる where を学びます。

---

書く ✏️ 疑問詞 when、what time、where の使い方を確認しましょう。

<u>When</u> is your birthday?

  — It's June 28th.

（あなたの誕生日はいつですか？―6月28日です）

<u>What time</u> do you get up?　　　* get up（起きる）

  — At seven o'clock.　　　* at ... o'clock（…時に）

（あなたは何時に起きますか？―7時です）

<u>Where</u> is your car?

  — It's in the garage.

（あなたの車はどこにありますか？―ガレージの中です）

---

下線部で示したものが今回勉強する疑問詞ですね。

「いつ」→ when、「何時」→ what time、「どこ」→ where と、質問の内容に応じて疑問詞は変わります。返答文に質問の答えが入っていることも、押さえておきましょう。

大切なのは、質問の内容に合った疑問詞を使うことです。また、疑問詞の後ろは、普通の疑問文の語順でしたね。

# 疑問詞 when を用いる疑問文

それでは「いつ？」と「時」を尋ねる疑問詞 when を用いた疑問文を見ていきましょう。
使い方は、前回勉強した疑問詞とまったく一緒です。
では、下線部の内容を when で尋ねてみましょう。

ニューズペイパー　　　　　　　　　　　　　　　　　モーニング

## He reads the newspaper in the morning.

（彼は朝に新聞を読みます）　　　　　　　　　　　　　　　＊ in the morning（朝に、午前中に）

in the morning は**「時」の内容**ですから「いつ？」と尋ねる疑問詞 when を用います。まずは in the morning を when で言い換えます。

## He reads the newspaper [when]. （彼は［いつ］新聞を読みます）

次にこのまま無理やり疑問文を作ってしまいましょう。下線部に注目です。

## Does he read the newspaper [when]?

（彼は［いつ］新聞を読みますか？）

それでは仕上げです。「**疑問詞＋普通の疑問文の語順**」ルールを利用し、when を文頭に移動させれば完成です。

## When does he read the newspaper 　　　　?

一般動詞の疑問文もしっかり復習しておきましょう。

## When does he read the newspaper?
疑問詞　　　　　　普通の疑問文の形

（彼はいつ新聞を読みますか？）

Day
27

# What time ...? で「時刻」を尋ねる

「いつ？」と時を尋ねる場合は when で OK ですが、when では時刻までを尋ねることはできません。そこで登場するのが、what と time を組み合わせた形 What time ...? です。この 2 語で、「何時に？」という意味を表す 1 つの疑問詞と考えます。

**What time did you go to bed last night?**　　* go to bed（就寝する）
（昨夜は何時に寝ましたか？）
— **At ten o'clock.**　（10 時です）

What time ...? は「何時に」と特定の時刻を尋ねているので、それに対する返事は基本的に「…時」と時刻で答えます。

一方、when の場合は時刻とは限らず、「時」を表す表現が返答文に用いられます。

**When did you go to bed last night?**　（昨夜はいつ寝ましたか？）
— **Really late.**　（本当に遅くです）　　＊副詞 really（本当に）、副詞 late（遅く）

what time の場合は「時刻」、when の場合は「時」を表す色んなパターンの答え方がある、と覚えておきましょう。

# 「時・時刻」の表現

では、when や what time に対する返答文に用いる、便利な「時・時刻」の表現をまとめておきましょう。

| | |
|---|---|
| at ... (o'clock)　※ **o'clock** は「…時」ちょうどの場合に用いる | …時に |
| at noon | 正午に |
| every day/month/year　※ **every ...**（毎…） | 毎日 / 毎月 / 毎年 |
| before/after ... | …の前に /…の後に |
| after school | 放課後に |
| in the morning/afternoon | 午前中に / 午後に |
| in spring　※ **in＋季節** / in April　※ **in＋月** | 春に / 4 月に |

| | |
|---|---|
| on **Sunday** ※ on ＋曜日 | 日曜日に |
| last **night** | 昨夜 |
| last **week/month/year** ※ last … （この前の…） | 先週 / 先月 / 昨年 |

# 疑問詞 where を用いる疑問文

今日のレッスンの最後に学ぶのは、「どこ？」と「場所」を尋ねる疑問詞 where です。
早速、例文をチェックしましょう。


**Where did you take the picture?**
（君はどこでその写真を撮ったのですか？）
                       \* take a picture （写真を撮る）

― **In Australia.** （オーストラリアです）

**Where is he from?** （彼の出身はどこですか？）
― **He's from Tokyo.** （彼は東京出身です）


どちらも、「場所」を表す表現が返答文に用いられているのが特徴ですね。疑問詞の使い方
としては「**疑問詞＋普通の疑問文の語順**」で、ポイントは他の疑問詞を使った疑問文と同じ
です。
「場所」を表す表現は L.18 でも詳しく勉強しましたので、不安な方はこの機会にぜひ復習
してください。
それでは、今日チェックした疑問詞を整理しましょう。

| | |
|---|---|
| 「いつ？」という意味で「時」を尋ねる | **When** ＋普通の疑問文の語順 …？ |
| 「何時に？」という意味で「時刻」を尋ねる | **What time** ＋普通の疑問文の語順 …？ |
| 「どこ？」という意味で「場所」を尋ねる | **Where** ＋普通の疑問文の語順 …？ |

このように、疑問詞の形は、尋ねたい内容によって決まるわけですね。何を尋ねるのかを意
識すること、そして「**疑問詞＋普通の疑問文の語順**」がポイントです。
また、疑問詞を用いる疑問文に対しては、**yes/no では答えません**。必ず質問内容に対する
答えを述べましょう。
そして、これまでの例文でも確認したように、話の流れから意味が明らかな場合は、返答文
の主語と動詞はよく省略されます。覚えておきましょう。

Day
**27**

183

## Output Stage

 **Lesson 20 の復習問題** | 解答・解説 **Answer Key p. 050**

次の返答文を参考に、英文の（　　）に必要な疑問詞を what/who/whose のいずれかから選び、（　　）内に書きましょう。なお、同じ疑問詞を何度用いても構いません。

(1) (＿＿＿＿＿＿＿＿) is he? — He's my teacher.

(2) (＿＿＿＿＿＿＿＿) is this bag? — It's mine.

(3) (＿＿＿＿＿＿＿＿) does your sister like? — She likes shopping.

(4) (＿＿＿＿＿＿＿＿) are they doing? — They are studying.

(5) (＿＿＿＿＿＿＿＿) is that beautiful woman? — She is my wife.

## **Lesson 21 の演習問題** | 解答・解説 **Answer Key p. 050**

**1.** 聞く 🎧 ▶70

音声の質問に対する答えとして、適切なものを下の選択肢から選び（　　）に記号を書きましょう。ただし、各記号は 1 度しか使いません。

(1) (　　) (2) (　　) (3) (　　) (4) (　　) (5) (　　)

[選択肢]　(a) Last week.　(b) At six o'clock.　(c) I usually study in the library.
　　　　　(d) I had dinner with Tom.　(e) I'm from Kobe.

## 2. 書く

[A] 次の日本語の意味になるように、（　　）内の語（語句）を正しく並べ替えましょう。

(1) 彼はどこに住んでいますか？（ he / live / where / does ）?

(2) いつこの箱を開けましたか？（ this box / did / open / when / you ）?

(3) 何時に学校に行きますか？（ do / go to / what time / you ）school?

(4) 彼女たちは今どこにいますか？（ they / are / where ）now?

[B] 下線部の内容を尋ねる疑問詞を用いた疑問文になるように、（　　）に適切な語を書きましょう。

(1) (＿＿＿＿＿＿) (＿＿＿＿＿＿) did you go to bed last night?

I went to bed at about ten o'clock.　　＊副詞 about（およそ、約）

(2) (＿＿＿＿＿＿) (＿＿＿＿＿＿) you go yesterday?

We went to the beach.

(3) (＿＿＿＿＿＿) (＿＿＿＿＿＿) your brother talk to her?

After school.

(4) (＿＿＿＿＿＿) (＿＿＿＿＿＿) you going?

I'm going to the station.

Day
27

(5) (＿＿＿＿＿＿) (＿＿＿＿＿＿) school start in Japan?

It starts <u>in April</u>.

## 3.

次の疑問文に対する返答文として、適切なものを下の選択肢から選び（　　）に記号を書きましょう。ただし、各記号は1度しか使えません。

(1) When do you usually listen to music?　（　　）

(2) Where do your parents live?　（　　）　　　　　　　　＊名詞 parents〔複数形で〕両親）

(3) Who is that tall man?　（　　）　　　(4) What are you doing?　（　　）

(5) What time did it start?　（　　）　　　(6) Whose is this book?　（　　）

［選択肢］　(a) At seven-thirty.　(b) He's our new leader.　　＊名詞 leader（リーダー、先導者）
　　　　　　(c) In New York.　(d) After dinner.　(e) It's mine.　(f) I'm reading.

## 4.

次の2文のうち、文法的に正しい英文の記号を○で囲みましょう。

(1) (a) What time you get up every day?　　(b) What time do you get up every day?

(2) (a) Where is your brother now?　　(b) Where your brother is now?

## Evine's Word

英語にはいくらでも例外がありますが、基本ルールを押さえておけば、会話にはそれほど支障はありません。基本を大切に！

# Lesson 22 疑問詞how

 **Introduction**  ▶71

今日で疑問詞のレッスンも最後です。学習するのは、「方法・手段」「状態・様子」「程度」を尋ねる how です。

他の疑問詞と違い意味がたくさんあるので、最初は混乱してしまうかもしれません。しかし、じっくり時間をかけて勉強すれば、必ず分かるようになります！

書く✏ 疑問詞 how の使い方を確認しましょう。

How do you get to school?

– By bus.

（どうやって学校に行っていますか？—バス通学です）

How are you? – I'm good, thanks.

（調子はどうですか？—いいですよ、ありがとう）

How old is your son?

– He's two years old.

（あなたの息子さんはいくつですか？—2歳です）

下線部の疑問詞 how は、すべて働きが異なっているのが分かりますか？　上から順番に、「方法・手段」、「状態・様子」そして「程度」を尋ねる how になっています。

つまり、疑問詞 how は、「どうやって」（方法・手段）、「どんな感じ」（状態・様子）、「どれくらい」（程度）と、日本語訳別にパターンを整理することができます。

それでは早速、これら3つの使い分けについて、本編で詳しく勉強していきましょう！

## Input Stage ▶72

## 🐶 「方法・手段」を尋ねる疑問詞 how を用いる疑問文

まずは「どうやって？」と「方法・手段」を尋ねる疑問詞 how をチェックしましょう。
語順などについてのポイントは、これまでと同じです。

**How did you get here?** （どうやってあなたはここに来ましたか？）
— **By train.**（チュレイン）（電車です）

疑問詞 how で「交通手段」を尋ねています。
この質問に対する返答文では、「…で」という意味の「by ＋交通手段（train［電車］/bus［バス］/air［飛行機］）」がよく用いられます。一緒に押さえておきましょう。
「**徒歩で**」と言う場合は、「主語＋ walk to ＋場所」という形で一般動詞 walk を使えば OK
です。

**How do you get to school?** （どうやって通学していますか？）
— **I walk to school.**（ウォーク）（徒歩です）

**How did you know about her?**（ノウ）
（どうやって彼女のことを知ったのですか？）

— **She's my classmate.** （彼女は僕の同級生なのです）

How + do/does ＋主語＋一般動詞…? で「（主語）はどのように…するの？」と覚えておきましょう。

## 🐶 「状態・様子」を尋ねる疑問詞 how を用いる疑問文

次に、「どんな感じで？」と主語の「状態・様子」を尋ねる疑問詞 how の使い方を見てみましょう。

**How are you?** （調子はどうですか？）— **Great!**（グレイト）（最高だよ）

この表現は、例えば You are good.（あなたは元気です）の、主語の「状態・様子」を説明する good の部分を疑問詞 how で尋ねた形です。

**How is your work?** （仕事の調子はどうですか？）
— **Not so good.** （あんまりよくないですね）

「人」だけでなく、「物事」の調子を尋ねることもできるのですね。How ＋ be 動詞＋主語？で「（主語の状態・様子）はどんな感じですか？」、と押さえておきましょう。

## 「程度」を尋ねる疑問詞 how を用いる疑問文

では今日のレッスンの最後に、「どれくらい？」と物事の「程度」を尋ねる疑問詞 how の使い方を見てみましょう。

**How** 形容詞 **old is he?** （彼はいくつですか？）
— **He's about 40 years old.** アバウト （40歳くらいです）

**How** 形容詞 **long is the movie?** ムーヴィ （その映画の長さはどれくらいですか？）
— **It's two hours long.** （2時間です）

How ＋形容詞＋ be 動詞＋主語？で「（主語）はどれくらい…（形容詞）ですか？」と尋ねることができます。

形容詞で示す状態（old、long）がどの程度なのかを尋ねたもので、直訳すれば How old...?（どれくらい古い？）、How long...?（どれくらい長い？）となっています。

それでは、今日学んだ how についてまとめておきましょう。

| | |
|---|---|
| 方法・手段「どのように？」 | How ＋ do/does/did ＋主語＋一般動詞…？ |
| 状態・様子「どんな感じで？」 | How ＋ be動詞＋主語？ |
| 程度「どれくらい？」 | How ＋形容詞＋ be動詞＋主語？ |

また、程度を尋ねる疑問文については、How long did your dog live?（あなたの犬はどのくらい生きましたか？）のように、How ＋形容詞＋ do/does/did ＋主語＋一般動詞…？の形で、「（主語）はどれくらい…（形容詞）、…しますか（しましたか）」を表すこともできます。

さまざまな疑問詞の使い分けを覚えるのは骨が折れますが、最初から100％覚えようとせずに何度も復習し、最終的には完全にマスターすることを目指しましょう！

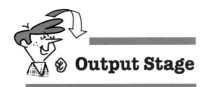

# Output Stage

 **Lesson 21 の復習問題** | 解答・解説 Answer Key p. 053

次の返答文を参考に、英文の（　　）に必要な疑問詞を when/what time/where のいずれか
から選び書きましょう。同じ疑問詞を 2 度以上用いても構いません。

(1) (＿＿＿＿＿＿＿) do they live? ― In Nagoya.

(2) (＿＿＿＿＿＿＿) did you see the movie? ― I saw it last year.

   * saw < 動詞 see（…を見る）の過去形

(3) (＿＿＿＿＿＿＿) did you go last month?

   ― I went to Sapporo.

(4) (＿＿＿＿＿＿＿) (＿＿＿＿＿＿＿) did you get up yesterday?

   ― At two o'clock in the afternoon.

(5) (＿＿＿＿＿＿＿) do you usually read the newspaper?

   ― Before breakfast.

**Lesson 22 の演習問題** | 解答・解説 Answer Key p. 053

## 1. 聞く 🎧 ▶73

音声の質問に対する答えとして、適切なものを 1 つずつ選び（　　）に記号を書きましょう。
ただし、各記号は 1 度しか使いません。

(1) (　　)　(2) (　　)　(3) (　　)　(4) (　　)

[選択肢]　(a) By train.　(b) She's fine, thanks.　(c) He's five feet tall.

　　　　　(d) We stayed there for a week.

190

## 2. 書く ✏️

[A] 次の日本語の意味になるように、（　　）内の語（語句）を正しく並べ替えましょう。

(1) 彼らはお元気ですか？ （they / how / are ）？

_____

(2) その家は築何年ですか？ （the house / old / is / how ）？

_____

(3) どうやって日本語を勉強したのですか？（study / did / how / you ） Japanese?

_____

[B] 下線部の内容を尋ねる疑問詞を用いた疑問文になるように、（　　）に適切な語を書きましょう。

(1) (＿＿＿＿＿) (＿＿＿＿＿) is your cat?

— She's <u>seven years old</u>.

(2) (＿＿＿＿＿) (＿＿＿＿＿) you meet Michael?

— I met him <u>two years ago</u>.

(3) (＿＿＿＿＿) (＿＿＿＿＿) is this bridge?

— It's <u>about 200 meters long</u>.

(4) (＿＿＿＿＿) (＿＿＿＿＿) she get to school?

— She usually <u>walks</u> to school.

(5) (＿＿＿＿＿) (＿＿＿＿＿) Tom now?

— He's <u>in the garden</u>.

Day
28

(6) (＿＿＿＿＿＿) (＿＿＿＿＿＿) Tom?

— He's <u>very busy</u> these days.

＊ these days（最近）

## 3.

次の疑問文に対する返答文として正しいものを、下の選択肢から記号で選びましょう。ただし各記号は 1 度しか使えません。

(1) How are you today?　（　　）

(2) How do I get there?　（　　）

(3) How long is your summer vacation?　（　　）

[選択肢]　(a) Five days.　(b) Good, thank you.　(c) You can take a bus.

## 4.

次の 2 文のうち、文法的に正しい英文の記号を○で囲みましょう。

(1) (a) How high that building is?　　(b) How high is that building?

(2) (a) How you use this digital camera?　　(b) How do you use this digital camera?

## Evine's Word

これからも続く語学人生に大切な要素、それはポジティブ思考です。

# Lesson 23 役立つ it の働きと 疑問詞の便利表現

## Introduction   ▶74

いよいよ最後のレッスンですね！　最後を締めくくるのは、訳さない代名詞 it と、前回までに勉強してきた**疑問詞の便利な応用表現**です。

書く✎　訳さない代名詞 it を確認しましょう。

サニ
It's sunny today.　（今日は晴れですね）

It's 6 a.m. in Australia.　（オーストラリアは午前6時です）

「それは晴れ…」「それは午前6時…」、などと日本語には訳さないのがポイントですね。話の内容は分かるけれど、it をどう訳せば？といった具合に困らないように、今日のレッスンでしっかり学びましょう。

How many DVDs do you have?

（あなたは DVD を何枚持っていますか？）

ブレックファスト
Who makes breakfast in your house?

（あなたの家では、誰が朝食を作るのですか？）

「How ＋形容詞」の形までは勉強しましたが、今日は「How ＋形容詞＋名詞」の形を文頭に用いる疑問文を学習します。

そして、2つ目の who を使った例文も気になりますね。「？」があるのに疑問文で用いる do/does/did はありません。この表現は特殊な疑問文ではなく、ごく日常的に使われる形です。ぜひ押さえておきましょう。

インヂョイ　　　　　　　　　　　　　　　トゥゲザー
さあそれでは、Let's enjoy the last lesson together!

  **Input Stage** 🎧 ▶75

# 「時」「天気」を表す、訳さない仮の主語 it

まずは「時」に関する疑問詞表現と、訳さない仮の主語 it を見ていきましょう。

**What time is it (now)?** （今、何時ですか？）
— **It's two o'clock.** （2時です）

「時刻」を尋ねる what time と、主語に「時」を表す it を用いると、現在の時刻を尋ねる表現になります。なお、now はあってもなくても構いません。

**What day is it (today)?** （今日は何曜日ですか？）
— **It's Thursday.** サーズデイ（木曜日です）

time を day にすれば、「曜日」を尋ねる表現になり、today は省略されることもあります。ちなみに、「日付」の尋ね方は以下のようになりますので、一緒に覚えておきましょう。

**What's the date (today)?** デイト（今日は何月何日ですか？）
— **It's July 24th.** ヂュライ（7月24日です）

名詞 date には「日付」という意味があり、疑問詞 what を用いて「日付は何？」と尋ねる形になります。この質問の返答文にも、「時」を表す it を用います。

それでは次に、「天気」を示す仮の主語 it をチェックしましょう。

**How is the weather in Canada?** ウェザー キャナダ（カナダの天気はどうですか？）
— **It's too cold.** （寒過ぎます）　＊副詞 too（…過ぎる）

**It rains a lot here.** （ここは雨がたくさん降ります）　＊ a lot（たくさん）

疑問詞 how で、天気の「様子・状態」を尋ねたものですね。返答文の主語は、「天気」を表す訳さない it です。
It rains ... の rain レインは動詞で、「**雨が降る**」という意味です。よく用いられる天気の表現ですので、覚えておきましょう。

# 「誰が…するのか？」を表現する Who ＋一般動詞 ...?

次に、疑問詞 who を用いて、「誰が…しましたか？」と尋ねる表現を覚えましょう。

**Who cleans the room?** （誰がその部屋を掃除するのですか？）
— **I do** (=clean it) **.** （僕です）　　　　　※ do は「する」という意味で、clean の代用です。

**Who helped you yesterday?**
（昨日は誰があなたを手伝ってくれたのですか？）
— **My sister did** (=helped me) **.** （姉です）※ did は「した」という意味で、helped の代用です

大きな特徴は、疑問文なのに do/does/did を使わないこと。そして、この who は、疑問文を作る**疑問詞**であると同時に、「○○が…する」の「○○が」に当たる主語にもなっているということです。

また、一般動詞も原形に戻ることはなく、現在形の場合は 3 人称単数現在形として動詞に s/es が付く形を用います。つまり、who を he/she/it グループとして考えるわけですね。

（×）Who clean the room?　…3 人称単数形の s が必要
（×）Who did help you yesterday?
　　　…疑問文も who 以下は普通の英文で、did［do/does］は不要

# 「数」を尋ねる How many ＋複数名詞 ...?

次は、「いくつ？」と名詞の「数」を尋ねる表現、How many ＋複数名詞 …? です。

**How many tickets do you have?**
（あなたは何枚チケットを持っていますか？）
— **I have two (tickets).** （2 枚です）

ポイントは、必ず数えられる名詞の複数名詞を用いる点。これは、直前にある形容詞 many （たくさんの）の影響を受けるからです。
では、関連表現として、「いくら？」と「金額」を尋ねる表現も覚えておきましょう。

**How much is it?** （それはいくらですか？）
— **It's fifteen dollars.** （15 ドルです）

**How much do you have?** （君はいくら持っているの？）
— **I have only ten dollars.** （10 ドルしかないよ）＊副詞 only（…しか、…だけ）

さらに、「具体的な金額」ではなく、「いくらかのお金」といった漠然とした内容を示すときに便利な、形容詞 some と any もチェックしておきましょう。

a（肯定文）：**I have some money.** （私はいくらかお金を持っています）

b（否定文）：**I don't have any money.**

（私はお金をまったく持っていません）

c（疑問文）：**Do you have any money?**

（あなたはいくらかお金を持っていますか？）

この some と any は money 以外の名詞にも用いられます。後ろの名詞は、money のような数えられない名詞か、数えられる名詞の複数形になります。

**Some** 数えられる名詞の複数形 **friends are from Australia.**

（何人かの友だちはオーストラリア出身です）

注意しないといけないのは、上の b、c の例文のように、否定文と疑問文において some は any に変化することです。

| some | 肯定文 | いくらかの、多少の |
|------|--------|------------------|
| any | 否定文（not ... any） | まったく…ない、何も…ない、少しも…ない |
| | 疑問文 | なにか、いくらか |

否定文の not ... any で、「まったく…ない」という完全に否定する意味になるんですね。また、基本ですが、「形容詞（some/any）＋名詞」の語順も重要です。

※形容詞についての知識があやふやな場合は、L. 05 を復習しましょう。

 ## 語学は時間がかかるもの

まだ演習を残していますが、これでようやく本書のレッスンは終了です。最後までお付き合いいただき、本当にありがとうございました。

本書で主に扱ってきた中 1 レベルの英文法は、コミュニケーションスキルのコア中のコアとなるものです。つまり、本書でお伝えしてきた超必須英文法をマスターすることなしに、次の段階へ進むことは難しいのです。本書で学んだそれぞれのレッスン内容は、今後の英語学習で着実にステップアップしていくための土台になるでしょう。

語学はマスターするのにとんでもなく時間がかかります。しかし、やったことは必ず身になります。どうぞご自身を信じて、この先も本書の内容を復習しながら、語学の道を一歩一歩、歩んでください。そして失敗も笑い飛ばしながら大いに楽しんでください！

# Output Stage

 **Lesson 22 の復習問題** | 解答・解説 **Answer Key p. 055**

次の返答文を参考に、英文の（　　）に必要な疑問詞を、what / when / where / how より1つずつ選び書きましょう。同じ疑問詞を2度以上用いても構いません。

(1) (＿＿＿＿＿＿) old is your dog? — She's very old.

(2) (＿＿＿＿＿＿) are you doing? — I'm listening to music.

(3) (＿＿＿＿＿＿) are they from? — They're from New Zealand.

(4) (＿＿＿＿＿＿) do you get to school? — I take a bus.

(5) (＿＿＿＿＿＿) did you get the job? — Last June.

 **Lesson 23 の演習問題** | 解答・解説 **Answer Key p. 056**

**1.** 聞く🎧 ▶76

音声の質問に対する答えとして、適切なものを1つずつ選び（　　）に記号を書きましょう。ただし、各記号は1度しか使えません。

(1) (　　)　(2) (　　)　(3) (　　)　(4) (　　)

[選択肢]　(a) It's raining.　(b) No, thanks. I'm OK.　(c) They are twenty dollars.
　　　　　(d) Two, please.

## 2. 書く ✏

[A] 次の日本語の意味になるように、（　　）内の語を正しく並べ替えましょう。

(1) あなたの家には誰が住んでいますか？（ in / who / your / lives ) house?

_____

_____

(2) そのホテルにはツインサイズのベッドのある部屋が全然ありません。

The hotel ( rooms / doesn't / any / have ) with twin-size beds.

＊ with ...（…のある、…を持った）

_____

_____

(3) 今日は何曜日ですか？（ it / day / what / is )?

_____

_____

[B] 下線部の内容を尋ねる疑問詞を用いた疑問文になるように、（　　）に適切な語を書きましょう。

(1) (_____) (_____) is (_____) ?

— It's about five o'clock.

(2) (_____) (_____) (_____) does she need?

— She needs three towels.

(3) (_____) (_____) is it?

— It's ten dollars.

(4) (_____) (_____) the weather in Okinawa?

— It's cloudy but very hot.

(5) (_____) the (_____) ?

— It's October 2nd.

[C] 次の（　　）内の指示に従って、全文を書き替えましょう。

(1) I have some money.（否定文に）

(2) Tom has some good friends.（疑問文に）

(3) My teacher called me this morning.（下線部の内容を尋ねる疑問文に）

**Evine's Word**

英語が母語でない限り、みんな同じ英語学習者。ほかの
学習者と比較せずにマイペースで楽しみましょう！

## Chapter 4
# Review まとめ問題 4

L.19〜23で勉強した内容の定着度を確認しましょう。
間違えた個所については、別冊回答集に記載されている参照レッスンを復習して、確実にマスターしましょう！

解答・解説 **Answer Key p.057**

## 1. 聞く 🎧 ○77

聞こえてくる疑問文に対する答えとして、正しいものを1つずつ下から記号で選びましょう。
ただし、各記号は1度しか使えません。

(1) (　　) 　(2) (　　) 　(3) (　　) 　(4) (　　) 　(5) (　　)

(a) She's in Hokkaido. 　(b) At 6 a.m. 　(c) It's so cold.
(d) She's cooking some potatoes. 　(e) About 40.

## 2. 書く ✏

[A] 次の日本語の意味になるように、空欄に適切な語を書きましょう。

(1) 私たちはビーチに行って、何枚か写真を撮りました。

We went to the beach (　　　　　　) took (　　　　　　) pictures.

(2) あれはお寺ですか、それとも神社ですか？

Is (　　　　　　) a temple (　　　　　　) a shrine?

(3) その男の子は公園に行きましたが、そこで遊びませんでした。

The boy went to the park (　　　　　　) (　　　　　　) play there.

(4) このシャツはいくらですか。

( _____ ) ( _____ ) is this shirt?

(5) 今日は何曜日ですか？

What ( _____ ) is ( _____ ) today?

[B] 次の（　　）内の指示に従って、全文を書き替えましょう。

(1) Tom and I had some money then. （否定文に）

(2) My sister made this cake. （下線部の内容を尋ねる疑問文に）　　＊ made（make の過去形）

(3) Does she have any Japanese friends? （肯定文の形に）

(4) He's listening to music. （下線部の内容を尋ねる疑問文に）

# 3.

次の英文（対話文）が自然になるように、（　　）内の語のうち正しいものを○で囲みましょう。

(1)（ How / What ）is the weather in Kyoto? — It's too hot here.

(2)（ When / What ）did you do last Saturday?
　　— We had a barbecue in the garden.　　＊名詞 barbecue（バーベキュー）

Day 30

(3)（ What / When ）time did you get to the station? — At 5 p.m.

(4)（ Where / How ）are you this morning?

　　— Well, I'm tired. I worked all night.　　＊間投詞 well（そうですねぇ）、all night（徹夜で、夜通しで）

(5)（ Whose / Who ）are those hats? — They are my sister's.

(6) How（ many / much ）classes did you take?

　　— Oh, I didn't take any classes.

(7)（ When / How ）did you get the ticket? — Last week.

(8) I have some good（ book / books ）.

## Evine's Column

最後は、コミュニケーションに欠かすことのできない「質問力」を身に付けるための疑問詞を中心に学習しました。整理できましたか？　Chapter 2 で勉強した普通の疑問文は、別の言い方をすれば単なる「確認文」です。相手から具体的な情報を得るには疑問詞が重宝しますので、ぜひマスターしてください。しかし、せっかく疑問詞の意味を覚えても、肝心の疑問文の作り方があやふやだと、相手に質問することをためらってしまいますよね。覚えるべき項目はどんどん増えますが、常に基礎固めを忘れず、復習最優先でこの先も英語学習を楽しんでください。

# Proficiency Test

# 全レッスン修了テスト

ここまで勉強してきたことを総動員して、このテストにチャレンジしてみましょう。
問題を解き終えたら別冊の解答集で答え合わせをして、自分の習熟度を測ってみてください。
弱点を再確認したら、レッスンに戻って復習を忘れずに！

1回目 ☐ 月 ☐ 日 ／ 復習日 ☐ 月 ☐ 日

## Proficiency Test 全レッスン修了テスト
（制限時間70分）

いよいよ本書の総仕上げ、「全レッスン修了テスト」です。これまでの学習の習熟度を測る演習問題をご用意しました！ 試されるのは、「これだけは押さえておきたい！」といった必須ポイントばかりです。間違えた個所については、別冊解答集に記載されている参照レッスンの復習で、確実にマスターしましょう！

解答・解説 **Answer Key p.061**

## 1. 聞く 🎧

[A] 聞こえてくる英文の内容を示す絵を選び、記号で答えましょう。 ▶78

(1) (　　　)　(2) (　　　)　(3) (　　　)　(4) (　　　)

  (a)　　　　　　　　(b)　　　　　　　　(c)　　　　　　　　(d)

[B] 聞こえてくる対話を聞き、その内容に関する次の疑問文に対する答えとして正しいものを選択肢の中から記号で答えましょう。 ▶79

(1) Where are they? (　　　)

(a) They are in the library.　(b) They are in Japan.　(c) They are in Australia.

(2) How long did he work yesterday? (　　　)

(a) Very late.　(b) For about twelve hours.　(c) He worked very hard.

(3) Does he have any free time? (　　　)

(a) Yes, he does.　(b) No, he doesn't.　(c) He has a lot of time.

[C] 聞こえてくる疑問文に対する答えとして正しいものを、選択肢の中から記号で答えましょう。ただし、各記号は1度しか使えません。 ▶80

(1) (　　　)　(2) (　　　)　(3) (　　　)　(4) (　　　)　(5) (　　　)

[選択肢]　(a) No, he didn't.　(b) I'm very sleepy.　(c) Oh, it's mine.
　　　　　(d) They are on the table.　(e) Yes, he does.

[D] 聞こえてくる番号を、数字で書きましょう。 ▶81

(1) My phone number is _____ .

(2) My zip code is _____ .

＊zip code（郵便番号）

## 2. 書く ✎

次の（　）内の単語を、文法的に正しい形に書き直しましょう。

(1) He has a lot of ( car ) in his garage.

＊名詞 garage（車庫）

(2) ( This ) socks are too small. I can't wear them.

(3) She can ( cooks ) well.

(4) We ( play ) golf there last Sunday.

(5) She's ( study ) very hard now.

## 3.

次の英文（対話文）が文法的に正しくなるように、（　）内の語のうち正しいものを○で囲みましょう。

(1) Please close ( a / the ) window. — Sure.

(2) ( Do / Does ) your sister work on Sunday?

(3) Are you ( her / she ) brother? — No, I'm not.

(4) Whose are those pens? — They're ( him / his ) .

(5) This is ( a / an ) interesting book.

(6) ( How / Where ) are you? — I'm in Tokyo.

(7) Do you take ( a sugar / sugar ) in your tea? — Yes, please.

(8) I eat ( a / an ) apple for breakfast.      ＊ for breakfast（朝食に）

(9) I read ( book / books ) on the computer.

(10) I didn't have ( many / much ) information about your country.

＊前置詞 about ...（…について）、名詞 country（国）

## 4. 書く ✏

[A] 次の日本語の意味になるように、空欄に適切な語を書きましょう。

(1) たくさんの生徒たちがここに来てくれました。

( _____ ) ( _____ ) came ( _____ ).

(2) 悲しまないで。

( _____ ) ( _____ ) sad.

(3) 私たちはそのとき、1 人の／ある男の子に会いました。

We met ( _____ ) ( _____ ) then.

(4) 彼女は彼らの服を新しい洗濯機で洗います。

She ( _____ ) their clothes in the

( _____ ) washing machine.

(5) ［時間の長さを尋ねて］昨夜はどれくらい寝ましたか？

( _____ ) ( _____ ) did you sleep last night?

(6) 私たちは放課後、図書館で英語を勉強します。

We study English ( _____ ) the library

( _____ ) school.

**[B] 次の（　　）内の指示に従って、全文を書き替えましょう。**

(1) You like sports very much.（下線部の主語を Ann に）

(2) You study very hard.（文末に yesterday を補って過去形に）

(3) Our children play with some toys.（現在進行形に）

＊前置詞 with ...［道具］…で、名詞 toy（おもちゃ）

(4) You can sing very well.（疑問文に）

(5) She sometimes helps you.（疑問文に）

(6) He went to the island last year.（否定文に）　　＊名詞 island（島）

[C] 次の（　　）内の語（語句）を文法的に正しく並べ替えましょう。ただし、必要のない語
が1つずつありますので注意してください。

(1)（ am / at home / he / is ）?

_____

(2)（ father / doesn't / my / busy / isn't ）.

_____

(3)（ DVDs / many / what / did / watch / how / you ）this summer?

_____

(4)（ do / on / are / what / doing / you ）the chair?

_____

(5)（ Japanese / teachs / he / in / teaches ）the morning every day.

_____

(6) My cat is（ the / under / usually / in ）table.

_____

# あれば嬉しいレッスン別単語リスト

＊本書に収録された全ての単語を、初出の章ごとにリストにしました！ぜひ独学に役立ててください。

| Lesson 01 | |
|---|---|
| 英語 | 日本語 |
| a/an | 1つの、1人の、ある[1つの](L04) |
| animal | 動物 |
| ant | アリ |
| apple | リンゴ |
| bag | かばん |
| banana | バナナ |
| boat | ボート |
| box | 箱 |
| candy | キャンディ |
| candy bar | チョコレートバー |
| dog | 犬 |
| egg | 卵 |
| hospital | 病院 |
| hour | 時間 |
| note | メモ |
| notebook | ノート |
| octopus | タコ |
| onion | タマネギ |
| orange | ミカン / オレンジ |
| tree | 木 |
| year | 年 |

| Lesson 02 | |
|---|---|
| ball | ボール |
| bird | 鳥 |
| book | 本 |
| bus | バス |
| cake | ケーキ |
| car | 車 |
| cat | ネコ |
| chair | イス |

| child/children | 子ども /child の複数形 |
|---|---|
| city | 都市 |
| class | 授業、教室 |
| comic | マンガ |
| cookie | クッキー |
| desk | 机 |
| diary | 日記 |
| dish | 皿 |
| fox | キツネ |
| hero | 英雄 |
| husband | 夫 |
| knife/knives | ナイフ /knife の複数形 |
| leaf/leaves | 葉っぱ /leaf の複数形 |
| library | 図書館 |
| man/men | 男性 /man の複数形 |
| one | 1 つの |
| peach | 桃 |
| pen | ペン |
| pencil | 鉛筆 |
| rabbit | ウサギ |
| ring | 指輪 |
| sandwich | サンドイッチ |
| shop | 店 |
| tomato | トマト |
| town | 町 |
| village | 村 |
| watch | 腕時計、…を見る(L.09) |
| week | 週 |
| wife/wives | 妻 /wife の複数形 |
| woman/women | 女性/womanの複数形 |

| Lesson 03 | |
|---|---|
| a cup/glass of ... | カップ1杯の… /グラス・コップ1杯の… |

| | | | |
|---|---|---|---|
| a piece of ... | 1枚の…、1つの… | rain | 雨、雨が降る（L. 23） |
| bagel | ベーグル | salt | 塩 |
| baseball | 野球 | shoes | 靴一足 |
| birthday | 誕生日 | socks | 靴下一足 |
| bread | パン | sugar | 砂糖 |
| butter | バター | tea | お茶 |
| cap | 帽子 | tennis | テニス |
| cent | セント | time | 時 |
| coffee | コーヒー | trousers | ズボン |
| croissant | クロワッサン | water | 水 |
| cup | カップ | wine | ワイン |
| dollar | ドル | work | 仕事、働く（まとめ問題2） |
| door | ドア | **Lesson 04** | |
| elephant | 象 | America | アメリカ |
| English | 英語 | Australia | オーストラリア |
| food | 食べ物 | baby | 赤ちゃん |
| glass | グラス、コップ | basketball | バスケットボール |
| glasses | 眼鏡 | bed | ベッド |
| grass | 草、芝生 | bike | 自転車 |
| green | 緑色（の） | bookstore | 本屋 |
| hat | （縁のある）帽子 | boy | 少年、男の子 |
| homework | 宿題 | breakfast | 朝食 |
| information | 情報 | computer | コンピューター |
| Japan | 日本 | country | 国 |
| lake | 湖 | day | 日 |
| letter | 手紙 | dictionary | 辞書 |
| love | 愛、…が大好きである(L. 10) | dinner | 夕食 |
| milk | 牛乳 | doctor | 医者 |
| money | お金 | girl | 少女、女の子 |
| movie | 映画 | house | 家 |
| Mt. Fuji | 富士山 | idea | 考え |
| name | 名前 | London | ロンドン |
| pants | ズボン | lunch | 昼食 |
| paper | 紙 | minute | 分 |
| pepper | コショウ | music | 音楽 |
| picture | 写真、絵 | New York | ニューヨーク |
| piece | 部品、部分、…部 | OK | 良いですよ |

| oven | オーブン |
|---|---|
| song | 歌 |
| student | 生徒、学生 |
| the ... | その… |
| window | 窓 |

| **Lesson 05** | |
|---|---|
| a lot of ... | たくさんの… |
| airport | 空港 |
| bad | 悪い、まずい (L. 12) |
| beautiful | 美しい |
| big | 大きい |
| black | 黒 (の) |
| blue | 青 (の) |
| camera | カメラ |
| card | カード |
| carrot | ニンジン |
| cold | 寒い |
| difficult | 難しい |
| dream | 夢 |
| easy | 簡単な |
| father | 父親 |
| friend | 友だち |
| good | 良い |
| hair | 髪 |
| happy | 幸せな |
| hot | 暑い |
| hotel | ホテル |
| ink | インク |
| interesting | 面白い |
| life | 人生、生命 |
| long | 長い |
| many ... | たくさんの… |
| mountain/Mt. ～ | 山 / ～山 |
| much ... | たくさんの… |
| new | 新しい |
| novel | 小説 |
| old | 古い |

| question | 質問 |
|---|---|
| season | 季節 |
| short | 短い |
| small | 小さい |
| story | 物語 |
| tall | 背の高い |
| test | テスト |

| **Lesson 06** | |
|---|---|
| ～ and ... | ～と… |
| brother | 兄弟、兄、弟 |
| he | 彼は [が・も] |
| I | 私は [が・も] |
| it | それは [が・も] |
| monkey | サル |
| Mr. ～ | ～氏、～さん、～先生 (男性に対して) |
| Ms. ～ | ～氏、～さん、～先生 (女性に対して) |
| my | 私の |
| necklace | ネックレス |
| she | 彼女は [が・も] |
| snow | 雪、雪が降る |
| they | 彼(彼女・それ)らは[が・も] |
| we | 私たちは [が・も] |
| you | あなた(たち)は[が・も] |

| **Lesson 07** | |
|---|---|
| am/is/are ... | …です、いる・ある(L. 18) |
| busy | 忙しい |
| cute | 可愛い |
| free | 暇な、自由な、無料の(L. 18) |
| great | 偉大な、素晴らしい |
| nice | 素敵な |
| sister | 姉妹、姉、妹 |
| teacher | 先生 |
| T-shirt | T シャツ |
| unhappy | 不幸せな |

| **Lesson 08** | |
|---|---|
| doghouse | 犬小屋 |
| fast | 速い、速く |

| | | | |
|---|---|---|---|
| funny | 面白い、こっけいな | like | …が好きである |
| guitar | ギター | meet | …に会う |
| her | 彼女の | missing | 欠けている、行方不明の |
| his | 彼の | mother | 母親 |
| its | それの | need | …を必要とする |
| jacket | ジャケット | pass | …を通る、合格する |
| key | 鍵 | play | …をする、…を演奏する(L. 17)、遊ぶ(L. 19) |
| kind | 親切な、やさしい | pool | プール |
| our | 私たちの | read | …を読む |
| racket | ラケット | see | …を見る、…に会う |
| ready | 準備ができた | sing | …を歌う |
| shrine | 神社 | singer | 歌手 |
| textbook | テキスト、教科書 | soccer | サッカー |
| that | あれは、あの | speak | …を話す |
| their | 彼（彼女・それ）らの | study | …を勉強する |
| these | これらは、これらの | take | …を取る、撮る、…に乗る(L. 13) |
| this | これは、この | teach | …を教える |
| those | あれらは、あれらの | use | …を使う |
| trumpet | トランペット | want | …が欲しい |
| umbrella | 傘 | wash | …を洗う |
| very | とても | **Lesson 10** | |
| wild | 野生の | apple pie | アップルパイ |
| wonderful | 素晴らしい | clean | …を掃除する |
| your | あなた（たち）の | come | 来る |
| **Lesson 09** | | cook | 料理をする |
| change | …を変える | dancer | ダンサー |
| chess | チェス | early | 早く |
| cover | カバー | finish | …を終える |
| dangerous | 危険な | French | フランス語 |
| DVD | DVD | go | 行く |
| eat | …を食べる | grape | ブドウ |
| enjoy | …を楽しむ | hamburger | ハンバーガー |
| girlfriend | 彼女、女友達 | hard | 熱心に、一生懸命に |
| have | …を持っている、飼っている(L. 15)、…を過ごす (L. 16) | here | ここで、ここに |
| help | …を助ける、手伝う | home | 家 |
| Japanese | 日本語、日本の、日本人 | job | 仕事 |
| know | …を知っている | move | 動く |

| | | | | |
|---|---|---|---|---|
| nice | おいしい | culture | 文化 |
| often | しばしば | draw | …を描く |
| quickly | 素早く | hungry | お腹が空いている |
| room | 部屋 | Italian | イタリア人、イタリアの |
| run | 走る | kitchen | 台所 |
| sometimes | 時々 | no | いいえ |
| swim | 泳ぐ | not | (…で)ない、(…し)ない |
| there | そこで | passport | パスポート |
| usually | いつも、大抵 | player | 選手 |
| very much | 非常に | sad | 悲しい |
| well | 上手に | soft | 柔らかい |

**Lesson 11**

| | | | |
|---|---|---|---|
| album | アルバム | son | 息子 |
| cellphone | 携帯電話 | wrong | 間違っている |
| cherry | サクランボ | yes | はい |
| every day/month/year | 毎日/毎月(L. 21)/毎年(L. 21) | young | 若い |

**Lesson 13**

| | | | |
|---|---|---|---|
| for ... | …のために | call | …に電話をかける |
| fresh | 新鮮な | drive | 運転をする |
| hers | 彼女のもの | fruit | フルーツ |
| him | 彼を・に | horse | 馬 |
| me | 私を・に | late | 遅れた、遅く (L. 21) |
| mine | 私のもの | newspaper | 新聞 |
| ours | 私たちのもの | ride | …に乗る |
| PC | パソコン | school | 学校 |
| person | 人 | sit | 座る |
| red | 赤(の) | smile | 笑う |
| tail | 尻尾 | smoke | タバコを吸う |
| tasty | 美味しい | wear | …を着る、身に着ける |
| them | 彼(彼女、それ)らを・に | | |

**Lesson 14**

| | | | |
|---|---|---|---|
| towel | タオル | afraid | 恐れて |
| uncle | おじさん | beer | ビール |
| us | 私たちを・に | cheese | チーズ |
| visit | …を訪ねる | close | …を閉める |
| white | 白(の) | cry | 泣く |
| yours | あなた(たち)のもの | drink | …を飲む |

**Lesson 12**

| | | | |
|---|---|---|---|
| | | essay | エッセー |
| classmate | 同級生 | let's ... | …しましょう |

| | | | |
|---|---|---|---|
| make | …を作る | piano | ピアノ |
| please | どうぞ | shut | …を閉める |
| quiet | 静かな | sorry | すみません |
| serious | 真剣な | stay | 滞在する、とどまる |
| shy | 恥ずかしがりの、内気な | sure | もちろん |
| too much | 過剰に | talk to ... | …に話し掛ける |
| write | …を書く | ticket | チケット |
| **Lesson 15** | | vegetable | 野菜 |
| cross | …を渡る | with ... | …と一緒に/…のある、…を持った (L. 23)/[道具]…で(修了テスト) |
| in | …の中に・で | **Lesson 18** | |
| leave | 出発する | airplane | 飛行機 |
| listen | 聴く | at ... | …に・で |
| now | 今 | buy | …を買う |
| shopping | ショッピング、買い物 | by ... | …のそばに・で |
| sleep | 眠る | coupon | クーポン |
| stop | 停車する、…をやめる | get | …を手に入れる |
| street | 道 | near ... | …の近くに・で |
| TV | テレビ | on ... | …の上に・で |
| wait | 待つ | over there | あそこ |
| **Lesson 16** | | park | 公園 |
| drinking | （お酒を）飲むこと | people | 人々 |
| golf | ゴルフ | pilot | パイロット |
| hand | …を手渡す | sea | 海 |
| last ... | この前の… | table | テーブル |
| last week/month/year | 先週 / 先月 / 昨年 | under ... | …の下に・で |
| party | パーティー | **Lesson 19** | |
| plan | …を計画する | active | 活動的な、積極的な |
| then | その時 | 〜 but ... | 〜しかし… |
| trip | 旅行 | from ... | …出身の、…から |
| walking | ウォーキング | Korean | 韓国語 |
| yesterday | 昨日 | nurse | 看護師 |
| **Lesson 17** | | 〜 or ... | 〜か… |
| art | 芸術 | poor | 貧しい |
| ask | …を尋ねる | rice | ご飯 |
| can | …することができる | river | 川 |
| in front of ... | …の前に | so | とても |
| jump | 跳び上がる | some ... | いくらかの… |

214

## Lesson 20

| | |
|---|---|
| actor | 俳優 |
| boss | 上司 |
| coat | コート |
| daughter | 娘 |
| driver | 運転手 |
| flute | フルート |
| handkerchief | ハンカチ |
| museum | 博物館 |
| salad | サラダ |
| what | 何 |
| who | 誰 |
| whose | 誰のもの |
| World Cup | ワールドカップ |

## Lesson 21

| | |
|---|---|
| about ... | およそ、約、…について(L. 22) |
| after school | 放課後に |
| after ... | …後に |
| at ... o'clock | …時に |
| at noon | 正午に |
| be from ... | …出身です |
| beach | ビーチ、海辺 |
| before ... | …前に |
| every ... | …毎 |
| garage | ガレージ、車庫 |
| get up | 起きる |
| go to bed | 就寝する |
| grandmother | 祖母 |
| in the morning/afternoon | 朝に、午前中に/午後に |
| last night | 昨夜 |
| leader | リーダー、先導者 |
| live | 住む |
| open | …を開ける |
| parent/parents | 親/両親 |
| really | 本当に |
| station | 駅 |
| what time | 何時に |

| | |
|---|---|
| when | いつ |
| where | どこに・どこで |

## Lesson 22

| | |
|---|---|
| ... ago | …前に |
| bridge | 橋 |
| building | 建物 |
| by air | 飛行機で |
| digital | デジタルの |
| feet | フィート |
| fine | 元気な |
| high | 高い |
| how | どうやって、どんな感じ、どれくらい |
| meter | メートル |
| office | 会社 |
| train | 列車 |
| vacation | 休み |
| wake up | 目覚める |
| walk to ... （場所） | 徒歩で…（場所）へ行く |

## Lesson 23

| | |
|---|---|
| a lot | たくさん |
| any ... | いくらかの… |
| Canada | カナダ |
| cloudy | 曇りの |
| date | 日付 |
| lesson | 授業 |
| New Zealand | ニュージーランド |
| only | …だけ、…しか |
| stamp | 切手 |
| sunny | 晴れている |
| together | 一緒に |
| twin-size | ツインサイズの |
| weather | 天気 |

### 著者紹介

## Evine （エヴィン）

本名、恵比須大輔。神戸在住。株式会社 evinet biz 代表取締役。Teaching Director。
神戸と大阪で社会人向けの「やりなおし英語 JUKU」（https://evinet.biz/）と学生向けの「Evine の英語塾」（https://www.evinez-es.com）を主宰。幅広い世代の学習者を対象に、コア英文法を軸とした実際に使える英語・英会話の指導を行っている。観光専門学校での「英文法＆英会話クラス」や「TOEIC クラス」、教員向けセミナーなど多方面で活動実績がある。
『Mr. Evine の中学英文法を修了するドリル』『新装版 Mr. Evine の中学英文法＋αで話せるドリル』『Mr. Evine の中学英文法修了解きまくり問題集』『Mr. Evine の英文法ブリッジコース［中学修了→高校基礎］』（アルク）や『Mr. Evine の英語塾 コア英文法』（ベレ出版）など著書多数。
趣味は映画鑑賞と旅行。
Evine が主宰する教室に関するお問い合わせは inquiry@evinet.biz まで。

【新装版】
## Mr. Evineの
### アルファベットから
# 英語の基礎をなんとかするドリル

| | |
|---|---|
| 発行日 | 2010 年 11 月 3 日（初版）<br>2024 年 6 月 27 日（新装版） |
| 著者 | Evine（恵比須大輔） |
| 編集 | 株式会社アルク 出版編集部 |
| 英文校正 | Peter Branscombe、Owen Schaefer、Margaret Stalker、原弘子 |
| デザイン | 細山田光宣、朝倉久美子、小野安世（細山田デザイン事務所） |
| イラスト | アラタ・クールハンド |
| ナレーション | Josh Keller、Julia Yermakov、Kim Forsythe、山本佳菜子 |
| 録音・編集 | 株式会社メディアスタイリスト |
| DTP | 株式会社秀文社 |
| 印刷・製本 | 日経印刷株式会社 |
| 発行者 | 天野智之 |
| 発行所 | 株式会社アルク<br>〒 141-0001 東京都品川区北品川 6-7-29 ガーデンシティ品川御殿山<br>Website：https://www.alc.co.jp/ |

本書は『Mr. Evine のアルファベットから英語の基礎をなんとかするドリル』（2010 年 11 月刊）の音声をダウンロード方式にした新装版です。

地球人ネットワークを創る

アルクのシンボル「地球人マーク」です。

新装版

Mr Evineの
アルファベットから
英語の基礎を
なんとかするドリル

# Answer Key
# 別冊解答集

# Pre-Lesson まとめ問題 / Answer Key

## 1.

[A] (1) Q R S　(2) T U V　(3) F G H I　(4) J K L M

A B C D E ₍₃₎F G H I ₍₄₎J K L M N O P ₍₁₎Q R S ₍₂₎T U V W X Y Z
アルファベットの順番を覚えておけば、辞書を活用するときにも便利です。Pre-Lesson 1 の音声を参考に、何度も発音練習をしましょう。

[B] (1) dog　(2) quiet　(3) apple　(4) bridge

(1) D → d、B → b の混同に注意しましょう。dog（犬）。
(2) Q → q、P → p の混同に注意しましょう。quiet（静かな）。
(3) L → l、I → i の混同に注意しましょう。apple（リンゴ）。
(4) 問題 (1) 参照。bridge（橋）。

[C] (1) You work hard every day.　(2) You and I are good friends.
(3) Do you know Osaka?

(1) 文頭の頭文字は大文字です。疑問文以外の英文の文末には、ピリオド（．）が必要です。
(2) 「私は」を意味する I は、文頭以外でも常に大文字です。この問題のそれ以外の語は、文中ではすべて小文字にします。
(3) 国名、地名、人名、Mr./Ms.、Mt. などの略語は、文中でも頭文字を大文字にします。疑問文の文末はクエスチョンマーク（？）が必要です。

## 2.

(1) (e)　(2) (c)　(3) (a)　(4) (g)　(5) (f)　(6) (h)　(7) (d)　＊(b) は不要

(4) Here we are.（[目的地に] さあ、着きました）と混同しないように注意しましょう。
※ (b) の Pardon? は「[聞き返すときに] 何とおっしゃいましたか？」という意味です。

## 3.

(1) (b)　(2) (c)　(3) (a)

**Point** 最初は区別が難しいこれらの用語も、常に意識していれば必ず自然と使い分けられるようになる！
(1) 名詞の例：dog（犬）、tennis（テニス）、water（水）など
(2) 形容詞の例：small（小さな）、cute（かわいい）、fine（元気な、晴天の）など
(3) 副詞の例：here（ここで）、today（今日）、very（とても）、sometimes（時々）など

# Lesson 01 / Answer Key

## Lesson 01 の演習問題

### 1.

(1)「リンゴ」 (2)「タマネギ」 (3)「卵」 (4)「タコ」 (5)「ミカン／オレンジ」 (6)「1 時間」
hour [áuər] は、h の音が脱落した母音スタートの語です。よって、「an ＋単数名詞」となります。
h に惑わされないように注意しましょう。

### 2.

(1) an animal (2) a bag (3) a hospital (4) an ant (5) a year

> **Point** 日本語から即座に「a/an ＋単数形の名詞」にできるようになるまで、反復練習を
> しましょう！
> (1)「動物」。animal [ǽnəməl] は母音で始まるので、「an ＋単数形の名詞（＝単数名詞）」。
> (2)「カバン」。「a ＋単数名詞」の基本パターン。
> (3)「病院」。文頭の h は発音するので、「a ＋単数名詞」の基本パターン。
> (4)「アリ」。ant [ǽnt] は母音で始まるので、「an ＋単数名詞」。
> (5)「年」。year の発音記号は [jíər] で、日本語にはない音ですが、ヤ [ja] が [ji] になった音です。
> 母音始まりではないので、通常の「a ＋単数名詞」パターンです。カタカナの「イヤー」から母
> 音始まりと考えて、(×)an year としないように注意しましょう。

### 3.

[A] (1) (c) an octopus (2) (d) a candy (3) (f) a box ※順不同

> **Point** 単数形＝「1（1つ／1個など）」を示す形。2つ（2匹）以上は複数形となるた
> め (b) (e) は誤りと判断。
> (1)「タコ」。octopus [ɑ́ktəpəs] は母音始まりなので、「an ＋単数名詞」パターン。
> (2)「キャンディ」。「a ＋単数名詞」の基本パターン。※日本語のキャンディのイメージとは違い、
> 英語ではチョコレートや砂糖菓子なども含まれます。(例) a candy bar（チョコレートバー）
> (3)「箱」。問題 (1)、(2) と同様に、a/an は「1（1つ／1個など）」を示し、「a/an ＋単数名詞」
> が基本。

[B] (1) an orange (2) a boat (3) a notebook (4) an onion (5) a tree

> **Point** 単数形の名詞の前には、a または an が基本！
> (1) orange [ɔ́:rindʒ]、(4) onion [ʌ́njən] は母音始まりなので、「an ＋単数名詞」のパターン。
> (2) (3) (5) は子音で始まるパターン。※ note は「メモ」という意味になるので注意。

# Lesson 02 / Answer Key

## Lesson 01 の復習問題

(1) a dog　(2) an octopus　(3) ○　(4) a hospital

※文ではないので大文字で始めなくても OK です。

> **Point** イラストより、「1（1つ／1個など）」を示す単数形と判断できるので、「a/an ＋単数名詞」となる！
>
> (1) 通常、単数名詞の前には a を付けます。a dog（犬）
>
> (2) 単数名詞の最初の音が母音であれば、a ではなく an になります。an octopus（タコ）
>
> (3) 通常のパターン、「a ＋単数名詞」。bird は母音ではなく子音始まりなので、a で OK。a bird（鳥）
>
> (4) hospital は母音ではなく子音始まりなので、an は誤り。a hospital（病院）となります。

## Lesson 02 の演習問題

### 1.

> **Point** 以下の日本語を英語の単数形と複数形で表せるようになるまで、何度も練習をしましょう！
>
> パターン1：(1) 犬　(2) イス　(3) ボール　(4) カバン
>
> パターン2：(1) ケーキ　(2) ネコ　(3) 店　(4)（アメリカ英語で）漫画
>
> パターン3：(1) 箱　(2) サンドイッチ　(3) 皿、料理　(4) バス

### 2.

[A]　(1) cookie　(2) classes　(3) diaries　(4) rabbits　(5) week

※問題の性質上、単数形の a/an を省略しています。

> (1) 単数形。「クッキー」
>
> (2) 語尾に es を付けた複数形。「クラス、授業」
>
> (3) 語尾の y を ies に変化させた複数形。「日記」
>
> (4) 語尾に s を付けた複数形の基本パターン。「ウサギ」
>
> (5) 単数形。「週」

[B]　(1) (b)　(2) (a)　(3) (d)　(4) (a)　(5) (e)　(6) (b)　(7) (c)

> (1) an egg（[1個の] 卵）。語尾に s がないので単数形ですね。さらに母音スタートなので an が必要です。
>
> (2) a tomato（[1つの] トマト）。語尾に s がないので単数形。問題 (1) とは異なり子音スタートなので、名詞の前は基本の a です。ちなみに、複数形は tomatoes となります。語尾が「o」

で終わる名詞にも、es を付ける場合があります。(例) a hero（英雄）→ heroes（英雄たち）。

(3) four apples（4つのリンゴ）。語尾が s の複数形。数詞を用いれば、具体的な数を相手に伝えることができます。

(4) a pen（[1本の]ペン）。語尾が s なしの単数形。問題 (2) 同様、子音スタートなので、「a ＋単数名詞」の基本パターンとなります。

(5) two octopuses（2匹のタコ）。語尾が es の複数形。

(6) an hour（1時間）。hour [áuər] は母音スタートの語でしたね。

(7) three chairs（3脚のイス）。語尾が s の複数形。

# 3.

[A]　(1) cities　(2) peaches　(3) children　(4) wives　(5) books　(6) chairs　(7) dishes
　　　(8) foxes　(9) classes　(10) men

**Point** 語尾に s を付けるのが複数形の名詞（＝複数名詞）の基本パターン。

(1)「都市」。「子音字＋y」⇒ y を消して ies。

(2)「モモ」。語尾が「ch」⇒ +es。

(3)「子ども」。不規則変化の複数名詞。

(4)「妻」。「fe」⇒ fe を消して ves。対義語の husband（夫）の複数形は、s を付けた基本パターン husbands になります。

(5)「本」。語尾に s を付ける複数形の基本パターン。

(6)「イス」。語尾に s を付ける複数形の基本パターン。複数形であると判断できても、基本パターンかほかの複数形パターンかどうかで迷ったら、せめて s だけでも付けておくようにすると良いでしょう。

(7)「皿」「食事」。語尾が「sh」⇒ +es。

(8)「キツネ」。語尾が「x」⇒ +es。box（箱）の複数形と同じパターンです。

(9)「授業」「クラス」。語尾が「s」⇒ +es。

(10)「男性」。問題 (3) 同様、不規則変化の複数名詞。対義語の woman（女性）の複数形は、women [wímin] となります。

[B]　(1) six rings　(2) ten chairs　(3) three cities　(4) two buses　(5) five bags
　　　(6) an[one] orange　(7) seven books　(8) nine eggs　(9) eight pencils　(10) four leaves

(1)「6つの指輪」。

(2)「10脚のイス」。

(3)「3つの都市」。語尾が「子音字＋y」⇒ y を ies。※ village（村）＜ town（町）＜ city（都市）の順番に規模が大きくなります。

(4)「2台のバス」。語尾が「s」⇒ +es。

(5)「5つのカバン」。

(6)「1個のミカン/オレンジ」。単数名詞。普通は a/an で「1（1つ／1個など）」を示しますが、「1」であることを強調したい場合は数詞 one が用いられます。

(7)「7冊の本」。

(8)「9つの卵」。単数形は an egg です。

(9)「8 本の鉛筆」。

(10)「4 枚の葉っぱ」。語尾が「f」⇒ f が ves になります。knife（ナイフ）のように語尾が「fe」の場合も、ves となります。

p. 045 〜 047

# Lesson 03 / Answer Key

## Lesson 02 の復習問題

(1) ○　(2) libraries または two libraries　(3) apples または two apples

(4) children または two children

※文ではないので大文字で始めなくても OK です。

> **Point** 複数形であれば a や an は不要！
>
> (1) 1 つのミカン／オレンジを「an ＋単数名詞」で表現したものです。
>
> (2) 語尾が「子音字＋ y」の library の複数形は、y を ies に変えます。具体的な数を示した two libraries にしても OK です。
>
> (3) a/an は単数名詞と一緒に用いるので、「2 つのリンゴ」には使えません。apple は語尾に s を付ければ複数形になります。
>
> (4) child（子ども）の複数形は不規則変化の children です。

## Lesson 03 の演習問題

**1.**

> **Point** glass (es) /cup (s) /piece (s) は数えられる名詞なので、「1」であれば単数形（a/an などを用いる形）、「2」以上になれば複数形（s/es などの付く形）となる！
>
> (1) 数えられない名詞 wine（ワイン）。a glass of で「（グラス）1 杯の」という意味になります。2 杯以上であれば glass（グラス、コップ）自体を複数形にし、five glasses of wine（5 杯のワイン）などとなります。
>
> (2) 数えられない名詞 tea（お茶、紅茶）。a cup of で「（カップ）1 杯の」という意味になります。2 杯以上であれば cup（カップ）自体を複数形にし、three cups of tea（3 杯のお茶）などとなります。
>
> (3) 数えられない名詞 sugar（砂糖）。a piece of ...（…の一部分、一切れの…）は色々な数えられない名詞に対して用いられます。ここでは、a piece of sugar で「角砂糖 1 個」という意味です。2 個以上であれば piece 自体が複数形になり、two pieces of sugar（角砂糖 2 個）などとなります。

**2.**

(1) green　(2) birthdays　(3) butter　(4) an elephant　(5) lakes　(6) food　(7) names

(8) grass

**Point** 聞こえてくる名詞が数えられるのか数えられないのかで、ある程度、形の予測ができる！

(1) green（緑）は数えられない名詞。数えられない名詞に a/an は不要です。

(2) birthday（誕生日）は数えられる名詞なので、a が必要です。複数形であれば s を付ければ OK です。

(3) butter（バター）は数えられない名詞です。問題 (1) と同様、a/an は不要です。

(4) elephant（象）は数えられる名詞です。原形のままでは使えないので、an を用いた単数形が正解です。

(5) lake（湖）は数えられる名詞なので、原形のままで用いることはできません。問題 (2) と同様、ここは複数形が正解。

(6) food（食べ物）は数えられない名詞なので、原形のままで OK です。数えられない名詞に単数形や複数形の形はありません。

(7) name（名前）は数えられる名詞なので、原形のままで用いることはできません。問題 (2) と同様、ここは複数形が正解。

(8) grass（草、芝生）は数えられない名詞なので、数えられる名詞の単数形に必要な a/an は不要です。複数形にもなりません。

## 3.

[A] (1) ○　(2) oranges　(3) dogs　(4) doors　(5) movies　(6) ○　(7) ○　(8) ○
　　(9) boxes　(10) ○　(11) socks　(12) ○

(1) water（水）は数えられない名詞。

(2) orange（ミカン／オレンジ）は数えられる名詞。「語尾＋ s」の複数形の基本パターン。

(3) dog（犬）は数えられる名詞。「語尾＋ s」の複数形の基本パターン。

(4) door（ドア）は数えられる名詞。「語尾＋ s」の複数形の基本パターン。

(5) movie（映画）は数えられる名詞。「語尾＋ s」の複数形の基本パターン。

(6) baseball（野球）は数えられない名詞。スポーツや教科など唯一のものは数える必要がないので、数えられない名詞になります。こういったものは、単数と複数の別がありません。

(7) love（愛）は数えられない名詞。「愛」は抽象的で捉えどころがなく、このような具体的なイメージを描きにくい名詞も数えられない名詞とされます。

(8) bread（パン）は数えられない名詞。bread はいろいろな種類のパンの総称で、何か一定の形のある名詞ではないので、数えられない名詞となります。ただし、bagel（ベーグル）や croissant（クロワッサン）など、共通イメージが浮かぶ具体的なパンの名前は、数えられる名詞となります。（○）a bagel、a croissant。

(9) box（箱）は数えられる名詞。語尾が「x」の場合の複数形は、es を付けた形です。

(10) Friday（金曜日）は問題 (6) と同様、ほかに同じものが存在しないので、数えられない名詞となります。

(11) sock（［片方の］靴下）は数えられる名詞。「靴下（2つで一足）」や「ズボン（もともと 2枚の布から作られていた）」などは複数形で用いるのが基本です。（例）pants（ズボン）（＝［イギリス英語で］trousers）、shoes（靴）、glasses（眼鏡）など。

(12) salt（塩）は数えられない名詞。※ sugar（砂糖）、pepper（コショウ）など、料理関係の数えられない名詞は多いです。

[B] (1) homework　(2) an ant　(3) coffee　(4) a letter　(5) an egg　(6) rain　(7) a picture
　　 (8) a cap　(9) milk　(10) tennis

(1) homework（宿題）は数えられない名詞です。※名詞 work も「仕事」という意味で、数えられない名詞です。

(2) ant（アリ）は数えられる名詞です。ant は母音始まりなので、「an ＋単数名詞」となります。

(3) coffee（コーヒー）は数えられない名詞です。「1 杯」「2 杯」と数えたい場合は、a cup [two cups] of coffee とします。

(4) letter（手紙）は数えられる名詞です。「a ＋単数名詞」の基本パターンです。

(5) egg（卵）は数えられる名詞です。問題(2)と同様、egg は母音始まりなので、「an ＋単数名詞」となります。

(6) rain（雨）は数えられない名詞です。

(7) picture（絵、写真）は数えられる名詞です。「a ＋単数名詞」の基本パターン。

(8) cap（[縁なしの] 帽子）は数えられる名詞です。「a ＋単数名詞」の基本パターン。※「縁のある帽子」は a hat です。

(9) milk（牛乳）は数えられない名詞です。「1 杯」「2 杯」と数えたい場合は、a glass [two glasses] of milk とします。

(10) tennis（テニス）は数えられない名詞です。3. [A] (6)と同様、原形が正解です。

**p. 052 〜 054**

# Lesson 04 / Answer Key

## Lesson 03 の復習問題

(1) beds　(2) ×　(3) ×　(4) classes　(5) wives　(6) ×　(7) countries　(8) dollars　(9) ×　(10) ×

**Point** 単数形と複数形があるのは数えられる名詞のみ！

(1) bed（ベッド）は数えられる名詞。「語尾＋ s」の通常の複数形。

(2) music（音楽）は数えられない名詞。song（歌）であれば「1 曲」「2 曲」と数えられますが、music はあらゆるジャンルを含む音楽の総称。つまり、人によって音楽はさまざまで、1 つに定まらない具体性のないものと考えるので数えられません。

(3) time（時、時間）は数えられない名詞。具体的な単位 day（…日）、hour（…時間）、minute（…分）であれば数えられますが、time はこれらの単位を示す名詞をまとめた時間の総称なので数えられません。

(4) class（授業、クラス）は数えられる名詞。「語尾＋ es」パターンの複数形。

(5) wife（妻）は数えられる名詞。もとの語尾が「f または fe」であれば f(e) → ves で複数形になります。

(6) coffee（コーヒー）は数えられない名詞。water（水）、milk（牛乳）などと同様、液体は数えられません。ただし a glass/cup of ... など単位を示す表現を用いると、「1 杯」「2 杯」と数えることができます。

(7) country（国）は数えられる名詞。元の語尾が「子音字＋ y」であれば y → ies で複数形になります。

(8) dollar（ドル）は具体的なお金の単位を示す数えられる名詞。「語尾＋ s」の通常の複数形です。問題（10）の money との違いを覚えましょう。

(9) bread（パン）は数えられない名詞。色々なパンの総称で、1つにイメージを絞ることができない名詞なので数えられないと判断します。

(10) money（お金）は数えられない名詞。money は色々な通貨の総称で、売買するために必要なものという抽象的なイメージなので数えられません。問題（8）の dollar のように、通貨の単位になると具体的な金額を表すので、数えられるようになります。

## Lesson 04 の演習問題

### 1.

**Point** 単数名詞において an の付く名詞が「ズィ」の発音になる！

(1) a door（[ある] 1つのドア）―the door（そのドア）

(2) a boy（[ある] 1人の男の子）―the boy（その男の子）

(3) water（水）―the water（その水）。数えられない名詞に a/an は付かないが the は可能。

(4) money（お金）―the money（そのお金）

(5) an apple（[ある] 1個のリンゴ）―the apple（そのリンゴ）

(6) an octopus（[ある] 1匹のタコ）―the octopus（そのタコ）

(7) an oven（[ある] 1台のオーブン）―the oven（そのオーブン）※ oven [ʌ́vən] は「オーブン」と発音しないので注意。

(8) an orange（[ある] 1個のミカン / オレンジ）―the orange（そのミカン／オレンジ）

### 2.

[A] (1) the  (2) a/the  (3) a/the  (4) the  (5) a/the  (6) the  (7) an/the  (8) the  (9) the
(10) the

**Point** the は一部の慣用表現を除いて、文法的にはすべての名詞に付くことが可能！

(1) the water（その水）。特定の水のイメージ。

(2) a/the boy（ある男の子／その男の子）。不特定イメージと特定イメージ。

(3) a/the doctor（ある医者／その医者）。不特定イメージと特定イメージ。

(4) the apples（それらのリンゴ）。複数名詞に「1」を示す a/an は付かないので、the のみです。

(5) a/the computer（あるコンピューター／そのコンピューター）。不特定イメージと特定イメージ。

(6) the days（それらの日々）。複数名詞の場合、the または無冠詞でなければいけません。

(7) an/the egg（ある卵／その卵）。an egg は、「1つの卵」「ある1つの卵」など、柔軟な解釈を心掛けることも大切です。

(8) the tea（そのお茶）。数えられない名詞に a/an は付きません。

(9) the children（その子どもたち）。children は a child の複数形です。複数名詞に a/an は付きません。

(10) the students（その生徒たち）。複数名詞に a/an は付きません。

[B]　(1) a　(2) the　(3) the

> **Point** その場の状況でお互いに周知の事実・内容であれば、a/an は用いない！

(1) 特定の辞書の話ではないので a で OK です。「（ある）1 冊の辞書」
(2) 先に「新しい本屋さん」と述べられているので、次に述べる際はお互いにその本屋さんのことを知っていますよね。よって、the にするのが自然です。「その本屋さん」。
(3) このような会話が行われる状況では、どの窓のことなのかお互いに分かっていると思われるので、the にするのが自然です。「その窓」。

[C]　(1) New York　(2) basketball　(3) dinner　(4) Yukari　(5) Australia

> **Point** 都市名、スポーツ、食事、人名、国は、原則として無冠詞！

(1)「ニューヨーク」。都市名。
(2)「バスケットボール」。スポーツ名。
(3)「夕食」。食事名。breakfast（朝食）、lunch（昼食）も無冠詞です。
(4)「ユカリ」。人名。
(5)「オーストラリア」。都市名と同様、国名も無冠詞です。

p. 060 〜 062

# Lesson 05 / Answer Key

## Lesson 04 の復習問題

(1) ×　(2) ○　(3) ○　(4) ○　(5) ×　(6) ×　(7) ○　(8) ○　(9) ×　(10) ×

> **Point** a/an は単数名詞のみに付く！ また a/an と the のニュアンスの違いをしっかりと意識しよう！

(1) 複数形 oranges に「1」を示す an は NG。無冠詞 oranges で「不特定多数」のミカン／オレンジを表します。
(2)「an ＋母音始まりの単数名詞」。「（ある 1 つの）卵」。
(3) the は複数名詞にも用いることができます。「それらの車」という意味で、特定の車が 2 台以上あることを示します。単数名詞に付く the は「その」、複数名詞に付く the は「それらの」と覚えておくと便利です。
(4) the は数えられない名詞にも用いることが可能です。「そのお茶」という意味で、特定のお茶を示します。
(5) a は母音以外の音（子音）で始まる単数名詞に付きます。airport [ɛərpɔ́ːrt] は母音始まりなので、an airport（[ある 1 つの] 空港）が正解です。
(6) Osaka（大阪）のような都市の名前は、無冠詞が原則です。

（7）問題（1）の解説参照。複数名詞は無冠詞でもOK。「不特定多数のボール」というニュアンスになります。

（8）a/anと同様、theは単数名詞にも用います。「その映画」と、話し相手も知っている特定の映画を示します。

（9）数えられる名詞の単数形は、無冠詞で用いることはできません。a carrot、carrots、the carrot、the carrotsのいずれかであれば正解です。

（10）breakfast（朝食）のような食事は、無冠詞が原則です。

## Lesson 05 の演習問題

**1.**

（1）a small cat　（2）new desks　（3）an interesting class　（4）the difficult homework
（5）happy friends　（6）many dreams　（7）much food

**Point** 名詞の前に置かれた形容詞は、その名詞の様子や姿かたち、数量を説明する働きをする！

（1）「a＋形容詞＋単数名詞」。

（2）「形容詞＋複数名詞」。複数名詞にa/anはNG。日本語で「机たち」とは言わないので、複数形の語尾をしっかり聞き取れたかも正解のポイントです。

（3）「an＋母音で始まる形容詞＋単数名詞」。

（4）「the＋形容詞＋数えられない名詞」。homework（宿題）は数えられない名詞です。

（5）「形容詞＋複数名詞」。複数名詞にa/anはNGです。

（6）「many＋複数名詞」。many（たくさんの）は数えられる名詞の複数形に用います。

（7）「much＋数えられない名詞」。much（たくさんの）は、数えられない名詞の量が「多量」であることを示します。muchは疑問文や否定文（詳しくはL. 12、13で勉強します）の中で用いられるのが一般的です。

**2.**

[A]（1）a black cat　（2）an interesting novel　（3）the beautiful mountains　（4）a lot of ink

**Point** まずは「形容詞＋名詞」を固定して考える！

（1）「a＋形容詞＋単数名詞」。「（ある1匹の）黒いネコ」。

（2）「an＋母音で始まる形容詞＋単数名詞」。「（ある1つの）面白い小説」。

（3）「the＋形容詞＋複数名詞」。特定の複数の山を示します。「その美しい山々」。

（4）「形容詞＋数えられない名詞」。a lot of（たくさんの）はこれで1つの形容詞と考えます。この形容詞は、後ろが数えられる名詞、数えられない名詞のどちらでもOKです。ink（インク）は数えられない名詞です。「たくさんのインク」。

[B]（1）many fathers　（2）an old camera　（3）a small ant　（4）a cold season

（1）「many＋複数名詞」。manyの後ろに単数形fatherはNG。「多くの父親たち」。

（2）old [óuld] は母音で始まる形容詞なので、それによって冠詞はanとなります。「（ある1台の）

011

古いカメラ」。

(3) 形容詞 small がなければ an ant となりますが、「冠詞＋形容詞＋名詞」のセットになれば冠詞は形容詞の発音によって決まるので、ここでは an ではなく a になります。問題(2)と比較。「（ある１匹の）小さなアリ」。

(4)「冠詞＋形容詞＋名詞」の語順。a season だったものが、形容詞が入ることによって a は前に出されます。season は数えられる名詞です。「（ある）寒い季節」。

[C] (1) long  (2) difficult  (3) cold  (4) small  (5) good  ＊ interesting（面白い）が不要

> **Point** 反意表現も一緒に覚えていけば、効率良く語彙を増やすことができる！
> (1) short（短い）⇔ long（長い）
> (2) easy（簡単な）⇔ difficult（難しい）
> (3) hot（暑い／熱い）⇔ cold（寒い／冷たい）
> (4) big（大きな）⇔ small（小さな）
> (5) bad（悪い、ひどい）⇔ good（良い）

**p. 063 ～ 065**

# まとめ問題 1 / Answer Key

いかがでしたか？　配点を設けてありますので、最後に採点し定着度を診断してみましょう。
※スペルミスは１点減点です。

**1.**（4点×4）
[A] (1) balls — pens （○）　　(2) boxes — dishes （○）
　　(3) dogs — watches （×）  (4) cups — shops （○）

> (1)「ボール」と「ペン」。共に語尾は [z] となります。これが複数形の基本の発音です。
> (2)「箱」と「皿、食事」。共に語尾は [iz] となります。
> (3)「犬」と「腕時計」。dogs は [z]、watches は [iz] なので、異なる発音になります。
> (4)「カップ」と「店」。共に語尾は [s] と濁らない音になります。
> ＊すべて L. 02 関連

（3点×4）
[B] (1) four  (2) eight  (3) seven  (4) three

> (1) three plus one （3 ＋ 1）
> (2) two plus six （2 ＋ 6）
> (3) five plus two （5 ＋ 2）
> (4) one plus two （1 ＋ 2）
> ＊すべて L. 02 関連

**2.** （カッコにつき各2点×12）

(1) （×）book （○）two books （×）two book

(2) （○）the salt （×）a salt （×）salts

(3) （×）a music （×）good a music （○）good music

(4) （×）an big egg （○）a big egg （×）big egg

(1) [L. 01 / L. 02 / L. 03] 数えられる名詞（book）は、1語では存在できません。必ず a/an/the または数詞などの語とセットになって用いられます。two（2つ／2人など）は複数を意味するので、two ＋複数形 books であれば正解です。**（訳：2冊の本）**

(2) [L. 03 / L. 04] 特定の salt であることを示す the（その…）を用いた形です。salt は数えられない名詞なので、a/an を付けることはできません。また、語尾に s/es の付く複数形もありません。**（訳：その塩）**

(3) [L. 03 / L. 04] 問題(2)と同じ。music（音楽）は数えられない名詞です。数えられない名詞に a/an を用いることはできません。**（訳：良い音楽）**

(4) [L. 01 / L. 03 / L. 05] 「a/an ＋形容詞＋名詞」の語順。形容詞が後ろの名詞 egg（卵）を説明したものです。a/an の使い分けは、egg のみであれば an egg（egg は母音始まり）となりますが、ここでは形容詞 big の発音によって決められるので、a big egg となります。egg は数えられる名詞なので、単数形（語尾に s/es が付かない形）の場合、無冠詞（a/an/the が名詞の前にない形）は NG です。**（訳：[1つの／ある] 大きな卵）**

**3.** （カッコにつき各3点×11）

[A] (1) tall（trees） (2) （a）（glass）of（water） (3) （new）（watches）

(4) a（lot）（of）（children） (5) （a）（beautiful）woman

(1) [L. 02 / L. 03 / L. 05] 数えられる名詞 tree（木）の複数形です。数えられる名詞のパターンは、「a/an/the ＋単数形」「無冠詞/the ＋複数形」のいずれかでなければなりません。ここは a/an がないので「無冠詞＋複数形」と考えます。問題では、名詞の直前に形容詞 tall が入って「無冠詞＋形容詞＋複数形」となっています。

(2) [L. 03] water（水）は数えられない名詞です。数えられない名詞を数えるには、容器（ここでは glass）に入った形での表現 a glass of ...（コップ1杯の…）を用います。

(3) [L. 02 / L. 03 / L. 05] 問題(1)と同じ。watch（腕時計）は数えられる名詞です。「無冠詞＋形容詞＋複数形」の語順。ch で終わる名詞の複数形は、es を付けます。複数形パターンは何度も復習しておく必要があります。

(4) [L. 2 / L. 5]「子ども」を表す child は数えられる名詞で、その複数形は children です。「多くの」を表し、数えられる名詞と一緒に用いられる形容詞には、many と a lot of がありましたね。ここでは a が書かれていることから、a lot of を用いると判断します。なお、a lot of は数えられる名詞と数えられない名詞の両方に用いることができます。

(5) [L. 01 / L. 03 / L. 04] 問題(1)(3)と比較しましょう。問題文の woman（女性）は単数形で、かつ数えられる名詞です。この場合は、「a/an/the ＋単数形」パターンになります。「ある…」と不特定の女性を指しているので、a が正解です。the は「その…」と特定の女性を意味することになるので、この日本語には合いません。

(5点×3)
[B] (1) a big classroom　(2) an old CD　(3) the short stories

> **Point** 「冠詞＋形容詞＋名詞」の語順！
> (1) a/an は相手にとって「不特定」「新情報」であることを示します。（[ある／1つの] 大きな教室）
> (2) 「不特定」「新情報」ニュアンスの a/an は、わざわざ訳さないことも多いです。（[ある／1枚の] 古い CD）
> (3) the はお互いに共有している情報や、特定の内容を示します。（その短編物語集）
> ＊すべて L. 04、L. 05 関連

# まとめ問題1 定着度診断表

## Grade A　100点 〜 86点

> 順調です！
> 間違った個所をしっかり分析し、軽く復習をしたら、次のチャプターに進みましょう！

## Grade B　85点 〜 70点

> ちょっと怪しいギリギリセーフ！
> 間違った個所の分析はもちろん、全体的な復習をしたら、次のチャプターへ！　急ぎは禁物です。

## Grade C　69点以下

> 残念！
> 厳しいようですが、このままでは先に進めません。まずは、これまでのレッスンを復習しましょう。あきらめないで再チャレンジしてくださいね！

# Lesson 06 / Answer Key

## Lesson 05 の復習問題

(1) × (2) ○ (3) × (4) × (5) × (6) × (7) ○ (8) ○ (9) ○ (10) ×

**Point** 形容詞を間に挟んでも、冠詞 a/an/the と名詞の関係を忘れずに！

(1) friend（友人）のように、数えられる名詞の単数形の場合、無冠詞は NG。複数形であれば無冠詞でも OK です。(○)a good friend（[1 人の] 良い友人）、または good friends（良い友人たち）。

(2) 数えられない名詞 snow（雪）を説明する形容詞 much（たくさんの）。「たくさんの雪」。

(3)「a/an ＋形容詞＋名詞」の場合、形容詞によって a か an かが決まります。形容詞 interesting [íntərəstiŋ]（面白い）は母音始まりなので、a ではなく an となります。(○)an interesting picture（面白い絵）、(○)interesting pictures（[複数の] 面白い絵）※複数名詞になれば a/an は不要です。

(4)「形容詞＋名詞」をセットで固めて、その一番前に冠詞を置きます。(○)a difficult question（難しい質問）。

(5) 複数名詞 necklaces に注目すれば、「1」の意味を併せ持つ a/an は不要と判断できます。(○)a beautiful necklace（美しいネックレス）、または (○)beautiful necklaces（[複数の] 美しいネックレス）。

(6) 問題 (1) と同様、名詞 brother のように数えられる名詞の単数形の場合、無冠詞は NG です。(○)a big brother（[1 人の] お兄さん）、または (○)big brothers（お兄さんたち）。

(7) 形容詞 many（たくさんの）は、数えられる名詞の複数形を説明します。「多くの生徒たち」。

(8) 形容詞 short（短い）が、複数形の名詞 stories を説明しています。the は複数名詞にも付く冠詞です。「その短編物語集」。

(9) a lot of で 1 つの形容詞「たくさんの」と考えます。この形容詞は後ろの名詞が数えられない名詞でも OK です。「たくさんの水」。

(10) 複数名詞 books に a/an は NG です。(○)an easy book（やさしい本）、または (○)easy books（[複数の] やさしい本）

## Lesson 06 の演習問題

**1.**

(1) Mr. Tanaka → he  (2) Rieko → she  (3) a small airport → it  (4) the woman → she

(5) many eggs → they  (6) you and I → we  (7) you and Kaori → you

(8) a girl and a rabbit → they

**Point** コツをつかむまでは何度も練習あるのみ！

(1) Mr. は「〜さん」「〜氏」「〜先生」を意味する男性に対する敬称です。単数で男性を示す代名詞は he（彼は [が・も]：3 人称単数形）。※ Ms. / Mrs. は女性に対する敬称です。

(2) Rieko（リエコ）は、単数で女性を示す名詞です。その代名詞は she（彼女は [が・も]：3

人称単数形）です。

(3) a small airport（[ある] 小さな空港）は、単数で人以外の物（建物）です。その代名詞は it（それは [が・も]：3 人称単数形）です。

(4) the woman（その女性）は、単数で女性を示す名詞です。問題(2)と同様、その代名詞は she（彼女は [が・も]）です。

(5) many eggs（たくさんの卵）は、複数で人以外を示す名詞です。その代名詞は they（それらは [が・も]：3 人称複数形）です。

(6) you and I（あなたと私）。「○ and I」であれば、その代名詞は we（私たちは [が・も]：1 人称複数形）のみです。この and（～と）は接続詞といい、詳しくは L. 19 で勉強します。

(7) you and Kaori（あなたとカオリ）。「you and ○（I 以外）」の代名詞は、you（あなたたちは [が・も]：2 人称複数形）1 語になります。

(8) a girl and a rabbit（少女とウサギ）。I、you を含まない 3 人称グループの複数を示す代名詞は、they（彼ら [彼女たち・それら] は [が・も]）です。

## 2.

[A] (1) we　(2) you　(3) he　(4) they　(5) it　※問題(3)(5)は順不同

(1) 単数形 I（私は [が・も]）の複数形は、we（私たちは [が・も]）です。

(2) you は単数「あなたは（が・も）」と複数「あなたたちは（が・も）」が同じ形です。

(3)(5) 複数形 they は 3 つの可能性があります。3 人称単数形 he/she/it の複数形は、they（彼ら [彼女たち・それら] は [が・も]）になります。問題の表には she が記載されているので、表(3)(5)には he（彼は [が・も]）、it（それは [が・も]）が入ります。

(4) 単数形 she（彼女は [が・も]）の複数形は、they（彼女たちは [が・も]）です。

[B] (1) He　(2) They　(3) It　(4) You　(5) They　(6) It

(1) 名詞 Kousuke（コウスケ）→単数・男性→代名詞 he（彼は [が・も]）。

(2) 名詞 two dogs（2 匹の犬）→複数・人以外→代名詞 they（それら [彼ら・彼女たち] は [が・も]）

(3) 名詞 a new car（1 台の新車）→単数・人以外→代名詞 it（それは [が・も]）。

(4) I は含まず you を含む複数を示す代名詞は、同じ you（あなたたちは [が・も]）で、変化がありません。「you と Nao」は「あなたたち」と考えれば OK です。

(5) I（1 人称）と you（2 人称）以外の 3 人称グループの複数は、代名詞 they（彼ら [彼女ら・それら] は [が・も]）です。Tom（トム）と the monkey（そのサル）は they 1 語で表すことができます。

(6) a lot of money の money（お金）は、数えられない名詞です。数えられない名詞に複数の概念はないので、a lot of（たくさんの）と一緒になっても代名詞は単数扱いの it（それは [が・も]）になります。(例)a lot of cats（たくさんのネコ）= they、a lot of milk（たくさんのミルク）= it

# Lesson 07 / Answer Key

## Lesson 06 の復習問題

(1) ○　(2) they　(3) ○　(4) ○　(5) they　(6) ○　(7) ○　(8) ○　(9) it　(10) we

**Point** 基本的な単数名詞と複数名詞、そして数えられない名詞を常に意識！

(1) the sister（その妹［姉］）を言い換えた 3 人称単数形 she（彼女は［が・も］）。

(2) Ken and the dog（ケンとその犬）は合わせて 2 以上の複数なので、3 人称単数形の it（それは［が・も］）は誤りです。it の複数形 they（彼らは［が・も］）にすれば正解です。

(3) the brother（その兄［弟］）を言い換えた、3 人称単数形の he（彼は［が・も］）。

(4) you and Keiko（あなたとケイコ）を言い換えた you（あなたたちは［が・も］）。「you and ○（I 以外）」＝ you（あなたたちは）と覚えておくと良いでしょう。

(5) a lot of houses（たくさんの家）は複数なので、it の複数形 they（それらは［が・も］）にすれば正解です。

(6) 複数名詞 cars（［不特定多数の］車）を言い換えた they（それらは［が・も］）。

(7) a lot of information（たくさんの情報）。information は数えられない名詞（［×］informations となっていない）なので、a lot of を用いていても代名詞は 3 人称・単数形 it（それは［が・も］）になります。

(8) five T-shirts（5 枚の T シャツ）を言い換えた they（それらは［が・も］）。T-shirt（T シャツ）は数えられる名詞です。

(9) a lot of money（たくさんのお金）。問題 (7) と同じです。money は数えられない名詞なので、形容詞 a lot of（たくさんの）を用いても代名詞は 3 人称・単数形 it（それは［が・も］）です。

(10) you and I（あなたと私）を言い換えると、「私たちは」なので、we（私たちは［が・も］）が正解です。

## Lesson 07 の演習問題

**1.**

**Point** 日常会話で頻繁に登場する短縮形の発音を知っておくことは、リスニングの上でも重要！

(1)「私は大丈夫です」。形容詞 OK（結構な、よろしい）。

(2)「彼は背が高いです」。反意語は short（背が低い）。

(3)「彼女はかわいいです」。

(4)「それはひどいです」。形容詞 bad（悪い、ひどい）。

(5)「あなたは立派です」。形容詞 good（よい、立派な）。

(6)「私たちは幸せです」。反意語は unhappy（不幸せな）。

(7)「彼ら（彼女たち、それら）はすてきです」。

## 2.

[A] (1) is   (2) ○   (3) are   (4) ○

> **Point** be 動詞の後ろの形容詞や名詞の、主語を説明する働きにも注目！
>
> (1) Ken（ケン）= he（彼は [が・も]）（3 人称単数形）。he に対する be 動詞は is です。反対の「（予定がなく）暇な」という意味の形容詞には free などがあります。（**訳：ケンは忙しいです**）
>
> (2) We're = We are。形容詞 great（偉大な、素晴らしい）。（**訳：私たちは優秀です**）
>
> (3) 直前の I につられて am としないように注意。主語の You and I = we で複数なので、are が正解です。この English は形容詞の働きで、「英語の」という意味です。English teachers（英語の先生たち）の 1 つのカタマリが、主語 You and I の説明をしています。（**訳：あなたと私は英語の先生です**）
>
> (4) 主語の many students（多くの生徒たち）が複数形なので、be 動詞は are で OK です。（**訳：多くの生徒たちはすばらしいです**）

[B] (1) Linda are busy. → Linda is busy.

　　(2) You are a nice. → You are nice.

　　(3) The movie is an interesting. → The movie is interesting.

　　(4) The movies is interesting. → The movies are interesting.

> **Point** be 動詞をイコールで置き換えた視点も大切！
>
> (1) Linda（[女性の名前] リンダ）= she（彼女は [が・も]：3 人称単数形）。she の場合の be 動詞は is。（**訳：リンダは忙しいです**）
>
> (2) 冠詞 a/an/the は名詞に対して必要なもので、形容詞 nice のみの場合には不要。（**訳：あなたはすてきですね**）
>
> (3) 問題 (2) と同様、interesting（面白い）のような形容詞だけに冠詞 a/an/the は不要。(×) an interesting（○）an interesting story（面白い話）。the movie は代名詞 it（それは）で言い換え可能です。（**訳：その映画は面白いです**）
>
> (4) the movies は複数名詞で、複数名詞に対する be 動詞は are となります。単数名詞と複数名詞をしっかり見分けることが大切です。（**訳：それらの映画は面白いです**）

p. 086 〜 088

# Lesson 08 / Answer Key

## Lesson 07 の復習問題

(1) ○   (2) You're a kind. → You're kind.   (3) ○

(4) It is good book. → It is a good book.

(5) Nao and Maria is great. → Nao and Maria are great.

> **Point** 冠詞 a/an の有無も忘れずに意識しましょう！
>
> (1) He's... = He is ...（彼は…です）。（**訳：彼は医者です**）

(2) 主語を説明する形容詞1語を、be 動詞の後ろに置いた形です。冠詞 a/an/the は名詞がなければ必要ありません。（○）You're a kind teacher.（あなたは優しい先生です）。You're... = You are ...（あなたは…です）。**（訳：あなたは優しいです）**

(3) food（食べ物、料理）のような数えられない名詞に対する be 動詞は、常に is で OK です。**（訳：たくさんの食べ物の用意ができています）**

(4) 主語 it（それは）の内容を示す名詞 book は、数えられる名詞で単数形です。数えられる名詞の単数形は冠詞が必要です。**（訳：それは良い本です）**

(5) 主語 Nao and Maria は they（彼女たちは）で言い換えられる複数なので、それに対する be 動詞は are となります。**（訳：ナオとマリアは優秀です）**

## Lesson 08 の演習問題

**1.**

(1) B. That is his mother.　(2) A. This is your new desk.　(3) B. Those are her textbooks.

> **Point** this/that は、必ずしも「これ／あれ」と物を指すとは限りません。指す内容によって柔軟な日本語訳にすることが大切！
>
> (1) 遠いものを指す that（あれ）。**（訳：あちらは彼のお母さんです）**
>
> (2) 近いものを指す this（これ）。所有を示す代名詞 your（あなたの）も形容詞 new（新しい）も名詞 desk を詳しく説明しています。この場合、所有の代名詞が必ず先に来ます。**（訳：これはあなたの新しい机です）**
>
> (3) 単数 that →複数 those（あれら）。※単数 this →複数 these（これら）**（訳：あれらは彼女の教科書です）**

**2.**

(1) a　(2) b　(3) b　(4) a

> **Point** this/that/these/those は名詞の働きと形容詞の働きをする。
>
> (1) 名詞の働き：These are good trumpets.（これらは優れたトランペットです）。形容詞の働き：These trumpets are good.（これらのトランペットは優れています）。these（これらは／これらの）は複数名詞に用いるので、単数形 trumpet や単数に合わせた be 動詞 is は NG です。
>
> (2) 形容詞の働き：That house is new.（あの家は新しいです）。名詞の働き：That is a new house.（あれは新しい家です）。数えられる名詞の単数形には冠詞が必要です。
>
> (3) 名詞の働き：That is Ayako's jacket.（あれはアヤコのジャケットです）。Ayako's（アヤコの）。「人の名前＋アポストロフィー（'）s」で「…の」を示す形。Ayako は女性の名前なので、her（彼女の）で置き換えられます。That is her jacket.（あれは彼女のジャケットです）。冠詞と所有「…の」を示す代名詞は一緒に用いることはできないため（×）a her jacket は誤りです。また問題文の it（それは）は Ayako's jacket を言い換えたもので、This/That is ...（これ［あれ］は…です）は、通常2度目は It is ...（それは…です）で言い換えます。
>
> (4) 名詞の働き：This is his car.（これは彼の車です）。問題 (3) 参照。my father's（私のお父さんの）は、代名詞 his（彼の）1語で言い換え可能です。英文 b のように、所有を表す代名詞が2つ続くことは絶対にありません。また問題文の it（それ［は］）は、my father's car を言い換

えたものです。問題（3）と同様、this/that は繰り返しを避けて、2度目は it に変化させます。
※複数 these/those の場合は they に変化。

# 3.

[A]　(1) This is her brother.　(2) That library is old.
　　　(3) Its name is funny.　(4) Those are their ( cups. )

(1)「こちらは…です」と近い人物を示す this。「彼女の」= her。
(2)「あの」と遠いものを示し、形容詞の働きで名詞につながる that。that library（あの図書館）で1つのカタマリと考えます。単数の主語に対する be 動詞は is です。
(3) it（それ［は］）の所有を示す形 its（それの）。its name（それの名前）。問題 (2) と同様、単数名詞の主語には is を使います。
(4) that（あれ）の複数形 those（あれら）を主語にした形です。複数名詞の主語には are。「彼女たちの」は her（彼女の）を複数にした their にします。their はほかにも his（彼の）や its（それの）の複数形（彼らの／それらの）の可能性もあるので注意。

[B]　(1) These are my/our homework.　(2) Those houses are new.
　　　(3) This is wonderful.　(4) That is an old shrine.

**Point** 主語が単数形なのか複数形なのかはほかの単語にも影響する！
(1) 主語が単数形 this（これ）→複数形 these（これら）と変化したら、これに合わせて be 動詞は is → are になります。名詞 homework（宿題）は数えられない名詞なので、主語が複数になっても原形のままで OK です。これを説明する my（私の）は、状況次第で複数形 our（私たちの）と変えても OK です。（**訳：これは私の宿題です→これらは私の［私たちの］宿題です**）
(2) 主語が単数形 house →複数形 houses と変化し、これに合わせて be 動詞は is → are になります。また主語 house に直接つながっている that は、house が複数形になったことで、複数形 those になります。この those は形容詞の働きです。（**訳：あの家は新しいです→あれらの家は新しいです**）
(3) 問題 (1) の逆バージョン。主語が複数形 these（これら）→単数形 this（これ）と変化したので、be 動詞は are → is になります。（**訳：これらは素晴らしいです→これは素晴らしいです**）
(4) 問題 (3) 同様。主語が複数形 those（あれら）→単数形 that（あれ）と変化し、be 動詞も同時に are → is となります。また、主語が単数になったことで主語の内容を表現する複数形 old shrines も単数形 an old shrine に変化します。shrine は数えられる名詞なので、単数「1」の場合は冠詞 a/an を忘れないように注意しましょう。old は母音始まりなので、a ではなく an になっています。（**訳：あれらは古い神社です→あれは古い神社です**）

# Lesson 09 / Answer Key

## Lesson 08 の復習問題

（1）This　（2）That　（3）his　（4）These、are　（5）Its、is

> **Point**「近い」は this、「遠い」は that！
>
> （1）「こちら（これ）は」と「近い」人や物を指し示す this。英文の主語となっています。
>
> （2）「遠い」ものを示し、「あの…」と後ろの名詞 tree を説明する形容詞の働きをする that。
>
> （3）「彼の」は his、主語の形「彼は」の he と区別しましょう。問題文の that は、主語となる名詞の働きです。問題（2）の that の働きと区別しましょう。
>
> （4）this（これの）の複数形 these（これらの）。主語が these knives（これらのナイフ）と複数形なので、be 動詞は are です。dangerous（危険な）は形容詞で、主語の状況説明をしています。※ are は be 動詞の複数形と覚えておくと良いでしょう。
>
> （5）「その」を表す its は、「それは」を意味する it が変化したものです。名詞 cover（カバー）を説明している形容詞のようなものです。主語が Its cover（そのカバーは）と単数なので、be 動詞は is です。missing（欠けている、行方不明の）は形容詞です。（例）Our dog is missing.（私たちの犬が行方不明です）。

## Lesson 09 の演習問題

### 1.

> **Point** 大まかには 3 つのパターン [z] [s] [iz] で基本は十分！
>
> パターン1：
>
> （1）「…を読む」。reads は「リードズ」ではなく「リーズ」と読みます。[d] の後ろに s を付けた場合は、d とくっ付いてズ [ds] と発音します。　（2）「…を楽しむ」　（3）「…を知っている」　（4）「…が必要である」。問題（1）と同様に、needs は「ニードズ」ではなく「ニーズ」と発音します。
>
> パターン2：
>
> （1）「（言葉など）を話す」　（2）「…を食べる」。eats は、「イートス」ではなく「イーツ」と t と s がつながったように発音されるので注意しましょう。（3）「…を手伝う、…を助ける」　（4）「…に会う」。問題（2）を参照。eat と同様、ts の語尾は「ツ」と発音します。
>
> パターン3：
>
> （1）「…を洗う」　（2）「…を教える」　（3）「…を使う」　（4）「…を通る、…に合格する」　（5）「…を変える」

### 2.

[A]（1）teaches　（2）like　（3）is

（1）「…を教える」と具体的な動作を表す場合は、一般動詞 teach を用います。主語が he/she/it のいずれかであれば、s/es の語尾変化があります。名詞 English は目的語として、teach（教える）

の内容を示します。

(2)「…が好き」と具体的な動作（心の動き）を表現する場合は、be 動詞ではなく一般動詞を用います。主語が複数形であれば、一般動詞の語尾変化はありません。名詞 kimono（着物）は、「好き」という気持ちの対象を示す目的語です。

(3) 一般動詞は「具体的な動作」を示します。「歌手です」は具体的な動作を示していません。さらに Linda=a singer（リンダ＝歌手）となっていることから、イコール記号の役割がある be 動詞（L. 07 を参照）を用いた英文であると判断すれば OK です。be 動詞の形については、Linda=she（彼女）と 3 人称単数が主語の場合は is となります。この名詞 a singer は主語の説明をしたもので、問題 (2)(3) の目的語の働きをする名詞とは区別しましょう。

[B] (1) She studies English.　(2) Tom sees her father.　(3) We help his mother.
　　(4) Naomi takes a lot of pictures.

(1) 主語が he/she/it のいずれかであれば、一般動詞の語尾に s が付く変化があります。study は「子音字＋ y」なので y を i に変えて es となります。（訳：あなたは［彼女は］英語を勉強します）

(2) 主語字 Tom=he（彼は）なので、一般動詞の語尾に s が付く変化があります。see は単純に s を付けるだけです。（訳：私は［トムは］彼女のお父さんと会います）

(3) 主語 Masaki（=he）が he/she/it 以外になれば、動詞は原形（＝辞書にあるような何も変化していない形）に戻ります。（訳：マサキは［私たちは］彼のお母さんを手伝います）

(4) 主語の Naomi=she（彼女は）より、一般動詞の s 変化と判断します。they のように主語が複数なら一般動詞は原形のままです。（訳：彼女たちは［ナオミは］たくさんの写真を撮ります）

p. 100 〜 102

# Lesson 10 / Answer Key

## Lesson 09 の復習問題

(1) is　(2) teaches　(3) loves　(4) help　(5) studies

**Point** 具体的な動作は一般動詞、それ以外は be 動詞！

(1) 主語が 3 人称単数形（he/she/it のいずれか）の場合は、be 動詞は is です。be 動詞を用いた「（主語）は…です」の表現。

(2) your brother（あなたの弟）= he（彼は）。主語が 3 人称単数形の場合、一般動詞の語尾に s の付く変化があります。語尾が ch の一般動詞は、es を付けます。

(3)「…が大好きである」は、心情を示す一般動詞 love を用います。この英文に is を用いてしまうと「ケンの妹は寿司である」と意味不明な英文になってしまいます。

(4) Emma and her sister = they（彼女たちは）。複数名詞が主語の場合、一般動詞は原形（s なし）のままで OK です。

(5) the student = he（彼は）か she（彼女は）です。主語が 3 人称単数形であれば、一般動詞は s が付くのでしたね。study のように語尾が「子音字＋ y」の場合は、y → ies と変化します。

## Lesson 10 の演習問題

### 1.

[A]　(1) very　(2) there　(3) early　(4) usually　(5) well

(1) 副詞 very（とても）はほかの副詞や形容詞を強調します。very fast（とても速く）。fast は速度に対して用います。問題 (3) の early や quickly との違いを確認しましょう。副詞 well（上手に）は文意に合いません。

(2)「そこで」は副詞の there を使います。here は「ここで」という意味の副詞です。

(3)「（時間が）早い」は、副詞 early で表します。quickly は「（動作が）素早い」という意味です。go home（帰宅する）の home は、副詞で「家に、家へ」という意味。「一般動詞＋副詞」の形です。

(4)「いつも、たいてい」は、副詞 usually で表します。sometimes は「時々」という意味の副詞です。この頻度を示す副詞は一般動詞の前に置いて、その動作がどのくらいの頻度で行われているのかを説明します。

(5) good（良い）は形容詞なので、一般動詞 cook に結び付けることはできません。形容詞は名詞のみ説明します。一方、副詞 well は「上手に」という意味で、動詞を説明することができます。

[B]　(1)（ You are a very nice ) teacher.　(2) They ( usually study English ) there.
　　(3) We ( sometimes study here ).

(1) 主語＋動詞の後に「冠詞＋副詞＋形容詞」が名詞を説明しています。副詞が形容詞を、形容詞が名詞をそれぞれ説明しています。冠詞は頭（一番左）に置くことを押さえましょう。

(2)「一般動詞＋目的語（＝名詞）」の語順（study English［英語を勉強する］）をまず固定します。頻度を示す副詞 usually は説明する一般動詞 study の前、場所を示す副詞 there は文末が基本です。まずは基本のみに集中して覚えておくと良いでしょう。

(3)「場所」を示す副詞 here は、「一般動詞（＋目的語）」の後ろです。「頻度」を示す副詞 sometimes は、説明する一般動詞 study の前が基本です。それぞれの副詞の位置に注意しましょう。

[C]　(1) His father is a very good doctor.　(2) I often eat grapes.
　　(3) You enjoy this job very much.

(1) 形容詞の位置も忘れずに押さえておきたいですね。形容詞は名詞を説明するので、名詞の前に置きます。「副詞＋形容詞＋名詞」の語順で、左から右へと順番に説明しています。

(2) 頻度を示す副詞 often（しばしば）は、説明する一般動詞 eat の前に置くのが基本です。ただし「何を」にあたる grapes を強調する場合は、I eat grapes often. という場合もあります。

(3) ここでは、副詞 very（とても）はほかの副詞 much（非常に）を説明し、much をさらに強調する働きをしています。very much をセットにし、一般動詞 enjoy（…を楽しむ）を説明する「非常に」という意味の副詞の表現と押さえておけば便利です。ちなみに、this job（この仕事）は「楽しむ内容」を示した目的語です。

# Lesson 11 / Answer Key

## Lesson 10 の復習問題

(1) here　(2) fast　(3) very good　(4) sometimes　(5) well

> **Point** 副詞の基本的な位置も意識しよう！
>
> (1)「ここで」を示す副詞は here です。that は「あれは」「あの」を示す代名詞です。there は「そこで」という意味の副詞です。
>
> (2)「速く」と速度を示す副詞は fast です。副詞 early は時間が「早い」ことを表します。副詞 well は「うまく」という意味で、文意と合致しません。
>
> (3)「副詞（very）＋形容詞（good）＋名詞（person）」の語順が基本です。形容詞、副詞は、説明する単語の前に置くのが基本です。形容詞は名詞を説明し、副詞は名詞以外であれば何でも説明できます。また「副詞＋形容詞」が名詞の前に来ても、頭に冠詞 a/an/the を付け忘れないように注意しましょう。
>
> (4)「時々」と頻度を示す副詞は sometimes です。残りの選択肢も頻度を示す副詞で、usually は「いつも、たいてい」、often は「しばしば」という意味です。often よりも usually の方が頻度は上です。usually>often>sometimes。
>
> (5)「大変」「大いに」は副詞の組み合わせである very well を用います。知識の深さや質を表すには well という副詞が適切です。

## Lesson 11 の演習問題

**1.**

[A] (1) it　(2) them　(3) hers　(4) our

> (1)（　）の位置に来るのは、enjoy（…を楽しむ）の「楽しむ内容」、つまり目的語です。目的語を示す形は it または them になりますが、「それ」とあるので、単数の it が正解です。its は「それの…」という意味で、名詞とセットで用いる形です。（例）its leaves（それの葉っぱ）。
>
> (2) 問題 (1) と同様、（　）の位置には love（…が大好きである）の「大好きな対象」、つまり目的語が来ます。目的語を示す形は them または him になりますが、「彼ら」と複数なので、them が正解となります。him は単数 he（彼は）が変化したものです。また they は them の主語を示す形で、ここでは不適切です。
>
> (3) her house（彼女の家）を 1 語で言い換えた hers（彼女のもの）です。she（彼女は）は主語、her（彼女の）は「…の」を示す形で、後ろに名詞が必要です。セットとなる名詞がない場合は、目的語を示す形と考えます。（例）her watch（彼女の時計）、help her（彼女を手伝う）。
>
> (4) 後ろの名詞 classroom（教室）に注目し、この名詞とセットになる「…の」を示す代名詞の形 our（私たちの）が正解です。ours（私たちのもの）は our classroom（私たちの教室）を 1 語で言い換えたもので、ここでは classroom が残っているので使えません。us は目的語を示す形です。

[B] (1) His (2) it (3) them

(1) his socks（彼の靴下）を1語で言い換えると his（彼のもの）になります。主語を His とすると、見た目は単数ですが内容は複数なので、be 動詞は are になっています。ちなみに、my socks を1語で言い換えると mine（私のもの）になります。文法的には they も可能ですが、実際に「彼の靴下」を指している状況でなければ、they が何を指すのか不明な文になります。「彼の靴下」であると「所有」を明らかにするためには his（＝his socks）のほうが自然です。

(2) the PC（そのパソコン）は use（…を使う）の後ろにあるので、use の内容を示す目的語です。単数形で「人以外」を示す形は it です。この形1つで主語と目的語を示すことができます。

(3) 下線部は、like（…が好きである）の動作の対象を示す目的語です。問題（?）と比較してください。fresh cherries（新鮮なサクランボ）は語尾に s があるから複数形。従って、主語を示す they を、目的語を示す them に変化させるのが正解です。very much は like を強調する副詞です。

[C] (1) him (2) mine (3) them (4) hers (5) his

(1)「大好きな対象（人）」を示す、love の目的語の形 him です。he は主語を示す形です。

(2) my car（私の車）を1語で言い換えた mine（私のもの）です。ちなみに his car を1語で言い換えれば his（彼のもの）になります。

(3)「知っている内容（人）」を示す、know の目的語を表す them です。they は主語を示す形です。

(4) this cellphone（この携帯電話）を言い換えた not hers（彼女のものではない）です。

(5) his（彼の）は、「his ＋名詞」で名詞の持ち主を示す形です。

p. 114 〜 116

# Lesson 12 / Answer Key

## Lesson 11 の復習問題

(1) Mine (2) them (3) him (4) Ken's (5) me

**Point** 文意と代名詞の役割を意識して、形を決定しましょう！

(1) my car（私の車）を1語で言い換えた mine（私のもの）。(**訳：彼の車は黒です。私の車は緑です**)

(2) nice pictures（すてきな絵）を言い換えた them。（　）には like（…を好む）の対象を表す目的語が入り、pictures は複数なので代名詞は them（それらを）になります。(**訳：彼はすてきな絵を描きます。私はそれらの絵が好きです**)

(3) know（…を知っている）の目的語となる him（彼を）が正解です。his は、後ろに名詞を置いてセットで用いる場合は「彼の」という意味で、1語で用いるときは「彼のもの」という意味になります。(**訳：私は彼を知っています。彼は私のおじさんです**)

(4) a passport（パスポート）が誰のものかを示す Ken's（ケンのもの）です。人の名前にアポストロフィー（'）＋ s を付けると、「…の」という意味になりますが、ここでは、「〜のもの」と解釈しても OK です。この Ken's は、Ken's passport の passport が省略された形です。(**訳：これはパスポートです。ケンの［パスポート］です**)

(5) 問題 (2)、(3) と同様、help (…を手伝う) の目的語となる me (私を) が正解です。my は「私の」という意味で、後ろに名詞が必要です。(例) my idea (私の考え)。(**訳：私の兄 [弟] はときどき私を手伝ってくれます**)

## Lesson 12 の演習問題

**1.**

(1) 音声：Are you busy? — 答え：Yes, I am.

(2) 音声：Are they Italian? — 答え：No, they aren't. または No, they're not.

(3) 音声：Is Asato your son? — 答え：Yes, he is.

(1) 疑問文「あなたは…ですか」に対する返答文の主語は、「私は…」と I になります。Yes は肯定文（否定文ではない形）で用いるので、後ろは「主語＋ be 動詞」（= I am）となります。Yes, I am busy. の busy は省略するのがポイントです。文脈によっては、Are you …? に対する返事の主語に we を用いることがあるので、注意しましょう。(例)Are you Japanese? — Yes, we are.（あなたたちは日本人ですか？—はい、そうです）。(**訳：あなたは忙しいですか—はい、忙しいです**)

(2) no は否定文で用いるので、「主語＋ be 動詞＋ not」の形で答えます。疑問文の主語 they をそのまま使えばOK です。否定文の短縮形は they're not または they aren't の 2 通りあります。(**訳：彼らはイタリア人ですか—いいえ、違います**)

(3) 問題 (1) と同様、Yes の後ろは「主語＋ be 動詞」となります。疑問文の主語 Asato=he なので、返答文は Yes, he is. となります。(**訳：アサトはあなたの息子ですか—はい、そうです**)

**2.**

(1) Is the city beautiful?　(2) She isn't [is not] sad. または She's not sad.

(3) Is your bed soft?　(4) That isn't [is not] a lake. または That's not a lake.

(5) The hamburgers aren't [are not] bad.　(6) Are you her students?

(1) 疑問文「…ですか」は be 動詞と主語 (the city) の位置を入れ替えて、「?（クエスチョンマーク）」を文末に置けば OK です。返答例：Yes, it is.（はい、美しいです）/ No, it isn't [is not]. または No, it's not.（いいえ、美しくありません）。(**訳：その街は美しいです**)

(2) 否定文「…ではありません」は、「be 動詞＋ not」が基本形です。she is not … の短縮形は、she's not または she isn't の 2 パターンです。(**訳：彼女は悲しいです**)

(3) 問題 (1) 参照。疑問文は be 動詞が文頭です。返答例：Yes, it is.（はい、柔らかいです）/ No, it isn't [is not]. または No, it's not.（いいえ、柔らかくありません）。(**訳：あなたのベッドは柔らかいです**)

(4) 問題 (2) 参照。That is not … の短縮形は That's not または That isn't の 2 パターンです。まずは、どちらか 1 つの形を押さえておけば OK です。(**訳：あれは湖です**)

(5) 否定文は「be 動詞＋ not」。主語が複数名詞なので、be 動詞は are となります。主語と be 動詞の短縮形は、主語が代名詞の場合にのみ用います。(×)The hamburgers're not… とは言いません。(**訳：それらのハンバーガーはまずいです**)

(6) 疑問文は be 動詞を文頭に移動します。返答例：Yes, we are.（はい、そうです）/ No, we aren't [are not].（いいえ、そうではありません）。(**訳：君たちは彼女の生徒です**)

## 3.

(1)（b）　(2)（e）　(3)（d）　※（a）（c）は不要

> (1) Are you ...?（あなたは…ですか）の返答文の主語は I（私）か we（私たち）です。（**訳：あなたは幸せですか―はい、幸せです**）
>
> (2) no の後ろは、否定形「主語＋be 動詞＋not」となります。yes の後ろが否定の形 he isn't を取ることはありません。（**訳：彼はあなたのお父さんですか―いいえ、彼は違います**）
>
> (3) Tomoko=she（彼女は）なので、これを主語にした返答文を選びます。yes の後ろは「主語＋be 動詞」となります。yes の後ろに not は来ません。（**トモコは親切ですか―はい、彼女は親切です**）

## 4.

(1) Is his dog small?　(2) Their culture is interesting.　(3) Our kitchen is not big.

(4)（Are you new）here?　(5) Am I wrong?　(6) These players aren't very good.

> (1) 疑問文「be 動詞＋主語 ...?」の形。返答例：Yes, it（=his dog）is.（はい、小さいです）/No, it isn't. または No, it's not.（いいえ、小さくありません）。
>
> (2) 肯定文「主語＋be 動詞＋形容詞」で、「（主語）は…です」という意味になります。
>
> (3) 否定文「be 動詞＋not」。is not=isn't。
>
> (4) 疑問文、問題 (1) 参照。You are new here.（あなたはこちらは初めてです）を疑問文にしたものです。形容詞 new には、「新入りの、不慣れな」という意味があります。here は「ここで」という意味で、場所を示す副詞です。
>
> (5) I am wrong.（僕は間違っている）を疑問文にしたものです。wrong（間違っている）は形容詞で、主語の状態を示しています。
>
> (6) These players are very good.（この選手たちはとても優秀です）を否定文にしたものです。good など良い意味の語を否定するときに付く very は、「とても」ではなく「あまり」の意味になります。注意しましょう。these（これら）は this（これ）の複数形です。

p. 121 ～ 123

# Lesson 13 / Answer Key

## Lesson 12 の復習問題

(1) Is it nice?　(2) I'm not very busy.　(3) You are happy.

(4) We're not late. または We aren't late.

> **Point** 主語と be 動詞の位置を反対にすれば疑問文、be 動詞の後ろに not を付ければ否定文！
>
> (1) It's（= It is）nice.（それはすてきです）の is に注目。主語 it と be 動詞 is の位置を反対にすれば、疑問文「…ですか」となります。（**それはすてきですか？**）
>
> (2) I'm（= I am）very busy.（私は忙しいです）の be 動詞 am の後ろに not を置けば、否定文「…

ではありません」となります。not ... very で「あまり…ない」という意味です。（×）「とても…ない」ではありません。（**訳：私はあまり忙しくありません**）

(3) Are you happy?（あなたは幸せですか）を「主語＋ be 動詞」の語順に戻して、「?」を「.」（ピリオド）に変えれば肯定文になります。（**訳：あなたは幸せです**）

(4) We are late.（私たちは遅れています）の be 動詞 are に not を付ければ否定文となります。否定文の短縮形には 2 パターンあります。「主語と be 動詞の短縮＋ not」の形である We're not ...、または「主語＋ be 動詞と not の短縮」の形である We aren't（= are not)... です。なお、主語が I の場合は I'm not または I am not パターンのみで、am と not の短縮形はありません。（**訳：私たちは遅れていません**）

## Lesson 13 の演習問題

**1.**

(1) 音声：Do you like sushi? — 答え：Yes, I do.

(2) 音声：Does Kentaro play tennis? — 答え：No, he doesn't.

(3) 音声：Does Mayumi cook well? — 答え：Yes, she does.

(1) 疑問文「あなたは…しますか（ですか?)」に対する返答文の主語は「私は…」と I になります。質問している人が問い掛けている相手が you（あなた）。答えるのは「私」なので返答文の主語は I になります。Do ＋主語 ...? に対して「はい」と答える場合は、「Yes, 代名詞の主語＋ do.」です。「いいえ」の場合は、「No, 代名詞の主語＋ don't.」です。（**訳：あなたは寿司が好きですか?—はい、好きです**）

(2) Does ＋主語 ...? に対して「いいえ」と答える場合は、「No, 代名詞の主語＋ doesn't（= does not).」です。3 人称単数現在形 plays は、疑問文や否定文になると s が消えて原形に戻ります。また、返答文では主語（Kentaro）を代名詞（he）で言い換えることもしっかり押さえておきましょう。なお、「はい」の場合は「Yes, 代名詞の主語＋ does.」の形です。（**訳：ケンタロウはテニスをしますか?—いいえ、しません**）

(3) ポイントは問題 (2) と同じ。does を用いた疑問文には、「Yes, 代名詞の主語＋ does.」、または「No, 代名詞の主語＋ doesn't.」で答えます。返答文には、Mayumi を代名詞 she で言い換えたものを用いましょう。（**訳：マユミは上手に料理をしますか?—はい、します**）

**2.**

[A]　(1) Does she like Japanese food?　(2) My father doesn't smoke.
　　(3) Do they study hard?　(4) Does her brother help you?　(5) I don't clean my room.

(1) She likes Japanese food.（彼女は日本の食べ物が好きです）。「…しますか?（…ですか?)」は疑問文。主語が 3 人称単数（he/she/it）であれば、does を用いた疑問文にします。加えて一般動詞の語尾 s/es は消して、原形に戻すこともポイントです。（返答例）Yes, she does.（はい、好きです)/ No, she doesn't.（いいえ、好きではありません）。

(2) My father smokes.（私の父はタバコを吸います）。「…しません」は否定文。一般動詞の否定文は「主語＋ don't/doesn't ＋一般動詞の原形」の形です。主語（my father = he）が 3 人称単数（he/she/it）であれば、doesn't（= does not）の形を用います。smokes の s は否定文（疑

問文も）になると消えます。

(3) They study hard.（彼らは熱心に勉強します）。問題 (1) (2) との違いを確認しましょう。they は 3 人称単数（he/she/it）ではないので、do を用いた疑問文になります。「Do ＋主語＋一般動詞の原形 ...?」の語順です。（返答例）Yes, they do.（はい、します）/ No, they don't.（いいえ、しません）。

(4) Her brother helps you.（彼女の弟はあなたを手伝います）。問題 (1) 参照。her brother = he で 3 人称単数（he/she/it）なので、does を用いた疑問文にします。疑問文や否定文になると、helps → help と一般動詞は原形に戻ります。（返答例）Yes, he does.（はい、手伝います）/ No, he doesn't.（いいえ、手伝いません）。

(5) I clean my room.（私は自分の部屋を掃除します）。問題 (2) と比較。I は 3 人称単数（he/she/it）ではないので、don't を用いた否定文になります。「主語＋ don't ＋一般動詞」の語順です。

[B] (1) (You don't swim) well.　(2) Do they call you?　(3) Does he ride a horse?

(1) 否定文は「主語＋ don't/doesn't ＋一般動詞の原形 ...」の語順です。主語が 3 人称単数（he/she/it）以外であれば、すべて don't になります。

(2) 疑問文は「Do/Does ＋主語＋一般動詞の原形 ...?」の語順です。主語が 3 人称単数（he/she/it）以外であれば、すべて do を用いた疑問文になります。（返答例）Yes, they do.（はい、かけてきます）/ No, they don't.（いいえ、かけてきません）。

(3) 問題 (2) との違いを確認しましょう。主語が 3 人称単数（he/she/it）であれば、does を用いた疑問文になります。（返答例）Yes, he does.（はい、乗ります）/ No, he doesn't.（いいえ、乗りません）。

## 3.

(1) (d)　(2) (a)　(3) (e)　※ (b) (c) は不要

(1) Does Kenji read the newspaper?（ケンジは新聞を読みますか？）—Yes, he does.（はい、読みます）。does に対する肯定の返答文は、そのまま does を用います。Kenji が代名詞 he に変わっていることもポイントです。選択肢 (c) Yes, he is. は、主語は he ですが be 動詞を用いた疑問文に対する返答文なので不適切です。

(2) Do you like fruit?（あなたはフルーツが好きですか？）—Yes, I do.（はい、好きです）。問題 (1) との違いを確認しましょう。do に対する肯定の返答文は、そのまま do で OK です。

(3) Does Arisa take a bus to school?（アリサはバスで学校へ行きますか？）— No, she doesn't.（いいえ、行きません）。問題 (1) と比較。does に対する否定の返答文は、does not の短縮形 doesn't を用います。Arisa が代名詞 she に変わっていることもポイントです。選択肢 (b) No, she does. は、No を Yes または does を doesn't にすれば、文法的に正しい返答文になります。(○)Yes, she does. (○)No, she doesn't.

## 4.

(1) (b)　(2) (a)　(3) (b)

(1) 疑問文を肯定文に戻して考えるとよいでしょう。肯定文の You are happy.（あなたは幸せで

す）は be 動詞を用いた英文なので、疑問文は文頭に be 動詞を置いたものでなければなりません。do/does は一般動詞を用いた英文で使用するものです。**（訳：あなたは幸せですか？）**

（2）問題（1）と比較。肯定文 Your sister（= she）speaks English.（あなたの姉［妹］は英語を話します）は一般動詞を用いた英文なので、疑問文は「Do/Does ＋主語＋一般動詞の原形 ...?」の語順になります。主語 your sister が 3 人称単数（he/she/it）なので、does を用いたものが正解となります。**（訳：あなたの姉［妹］は英語を話しますか？）**

（3）一般動詞（clean）の 3 人称単数を示す s は、否定文（疑問文も）では消します。動詞は原形に戻るのがポイントです。「主語＋ don't/doesn't ＋一般動詞の原形」。主語が 3 人称単数（he/she/it）である場合は、doesn't を用います。**（訳：彼は靴をきれいにしません）**

p. 128 〜 129

# Lesson 14 / Answer Key

## Lesson 13 の復習問題

（1）Do you want a new desk?　（2）He doesn't write essays.　（3）She reads books.
（4）No, he doesn't.　（5）Does your mother like cheese?

**Point** 主語が he/she/it のいずれかであれば、does を用いる疑問文・否定文と判断しよう！

（1）You want a new desk.（あなたは新しい机が欲しいです）。一般動詞の疑問文の基本形は「Do ＋主語＋一般動詞 ...?」です。（返答例）Yes, I do.（はい、欲しいです）/ No, I don't.（いいえ、欲しくありません）。**（訳：あなたは新しい机が欲しいですか？）**

（2）He writes essays.（彼はエッセーを書きます）。主語が he/she/it のいずれかであれば does を用いた否定文となります。「主語＋ doesn't ＋一般動詞の原形」。**（訳：彼はエッセーを書きません）**

（3）Does she read books?（彼女は本を読みますか？）。肯定文でも「主語＋動詞」の語順ですが、主語が he/she/it のいずれかであれば動詞の語尾に s/es が必要です（3 人称単数現在形の変化）。**（訳：彼女は本を読みます）**

（4）Does your brother make breakfast?（あなたの兄［弟］は朝食を作りますか？）。「Does ＋主語＋一般動詞の原形 ...?（…しますか？）」に対する否定の返事は、「No, 主語の代名詞＋ doesn't.」になります。返答文では、主語 your brother を代名詞 he に変えることを忘れないように注意しましょう。（肯定の返答例）Yes, he does.（はい、作ります）。**（訳：いいえ、作りません）**

（5）Your mother likes cheese.（あなたのお母さんはチーズが好きです）。問題（1）との違いを確認しましょう。主語が 3 人称単数（he/she/it）のいずれかであれば、does を用いた疑問文になります。また、一般動詞の語尾の s/es（3 人称単数現在形）は、疑問文・否定文では s/es 無しの原形に戻ります。**（訳：あなたのお母さんはチーズが好きですか？）**

## 1.

[A] （1）Help your mother. （2）Be kind to her.

> （1）You help your mother.（あなたはお母さんを手伝います）。主語（you）を消して一般動詞（help）を文頭に置けば、命令文となります。文頭の文字は、大文字にすることを忘れないように注意しましょう。（**訳：お母さんを手伝いなさい**）
>
> （2）You are kind to her.（あなたは彼女に親切です）。主語（you）を消して be 動詞（are）を原形 be にして文頭に置けば、命令文となります。be kind to ... は（…に親切である）という表現です。（**訳：彼女に親切にしなさい**）

[B] （1）Don't be afraid. （2）Don't eat too much.

> （1）You are afraid.（あなたは恐れています）。1. [A]（2）の要領で be 動詞の命令文を作り、その前に don't を置けば OK です。Be afraid. → Don't be afraid.（**訳：恐れるな**）
>
> （2）You eat too much.（あなたは食べ過ぎます）。1. [A]（1）の要領で一般動詞の命令文を作り、その前に don't を置きます。Eat too much. → Don't eat too much.（**訳：食べ過ぎるな**）※声の調子を変えたりすることで、「食べ過ぎないで」というお願いのニュアンスを出すことも可能です。

[C] （1）Let's drink beer. （2）Let's visit her.

> （1）普通の命令文の形 Drink beer. の文頭に let's を付ければ、提案や誘いの表現になります。（**訳：ビールを飲みましょう**）
>
> （2）（1）と同様に、一般動詞の原形で始まる命令文の文頭に let's を付ければ OK です。（**訳：彼女を訪ねましょう**）

[D] （1）Help me, please. （2）Let's sing a song. （3）（Don't close the window）, please.

> （1）命令文の文頭または文末に please を用いることで、より丁寧な印象になります。文末で用いる場合は、，（コンマ）please の形になります。
>
> （2）「…しましょう」と何かを提案する let's。「Let's ＋動詞の原形」の語順になります。
>
> （3）否定の命令文「Don't ＋動詞の原形」に please を加えて、丁寧な印象にしたものです。ちなみに、この状況では a window（ある窓）とは言いません。特定ニュアンスの the を用いて、「どの窓」の話なのかを明確にしなければ、相手に命令・指示できないからです。

p. 130 ～ 132

# まとめ問題 2 / Answer Key

いかがでしたか？ 配点を設けてありますので、最後に採点し定着度を診断してみましょう。
※スペルミスは 1 点減点です。

**1.** (5点×5)

答えとスクリプト：

(1) (c) Is that a shrine? — Yes, it is.

(2) (d) Are you free today? — Yes, I am.

(3) (a) Do you eat cereal for breakfast? — Yes, I do.

(4) (b) Are they your friends? — Yes, they are.

(5) (e) Does he play guitar? — No, he doesn't.

---

(1) [L. 07 / L. 08 / L. 12] Is that a shrine? — Yes, it is.（**訳：あれは神社ですか？―はい、そうですよ**）。Is that ...?（あれは…ですか？）と、話し手にとって遠くのものを指し示して確認する表現。この that は、返答文では it で言い替えられます。よって正解は (c) と判断します。be 動詞は主語のタイプによって決められ、主語が he/she/it であれば is となります。be 動詞の疑問文は、主語と be 動詞（is）の位置を反対にします。

(2) [L. 07 / L. 12] Are you free today? — Yes, I am.（**訳：今日は暇ですか？―はい、暇ですよ**）。be 動詞を用いて、主語の状態を確認する疑問文です。be 動詞は主語が I であれば am、you または複数であれば are です。「あなた（たち）は…ですか？」と相手から自分（たち）に尋ねられているので、返答文は「私（たち）は…です」となり、主語は I または we になります。be 動詞の疑問文であり、返答文の主語が I または we ということから、(d) が正解と判断します。

(3) [L. 09 / L. 13] Do you eat cereal for breakfast? — Yes, I do.（**訳：あなたは朝食にシリアルを食べますか？―はい、食べます**）。「Do you ＋一般動詞の原形 ...?」で「あなた（たち）は…しますか？」と尋ねる表現になります。返答文はそのまま do を用いて「Yes, 主語＋ do.」または「No, 主語＋ don't.」になります。主語が he/she/it のいずれかであれば、does を用いたものになります。

(4) [L. 07 / L. 12] Are they your friends? — Yes, they are.（**訳：彼ら［彼女たち］はあなたの友だちですか？―はい、そうです**）。問題 (2) 参照。be 動詞を用いた、主語について尋ねる疑問文です。be 動詞は主語が I や he/she/it 以外の代名詞の場合は、are になります。代名詞 they は he/she/it の複数形です。

(5) [L. 09 / L. 13] Does he play guitar? — No, he doesn't.（**訳：彼はギターを弾きますか？―いいえ、弾きません**）。問題 (3) と比較。主語が 3 人称単数形（he/she/it）で一般動詞を用いた英文の疑問文は、「Does ＋主語（he/she/it）＋一般動詞の原形 …?」となります。これに対する返答文も同様に、does/doesn't が用いられます。※楽器の前の冠詞は基本的に the を用います（L. 04 参照）が、実際には目の前の楽器を演奏するなどの特定の状況下以外では省略されることも多いです。

---

**2.** (1語につき3点×15)

[A] (1) This、is、my　(2) Don't、the　(3) Is、her　(4) doesn't、there
　　(5) Let's、enjoy　(6) usually、here、early　(7) Be

---

(1) [L. 08] 「This is ＋形容詞・名詞」で「これ［こちら］は…です」と近くの物・人を指して紹介する表現になります。my（私の）は所有（持っている状態）を表す形で、必ず「my ＋名詞」の語順になります。

(2) [L. 14] 命令文 Close the door, please.（ドアを閉めてください）の否定形です。「…しないでください」。命令文は動詞の原形で始めるのがポイントで、否定の場合は頭に don't を付けます。

文末に please を用いると、命令調が和らぎ、丁寧さが出ます。

(3)［L. 07 / L. 12］主語の状態や様子を表す、be 動詞を用いた疑問文です。Is 主語 ...?（主語は…ですか？）。be 動詞の使い分けは、1.（1）（2）（4）を参照しましょう。

(4)［L. 10 / L. 13］一般動詞の否定文は、「主語＋ don't/doesn't ＋一般動詞の原形」となります。主語が 3 人称単数であれば doesn't。「そこで・へ」と場所を意味する副詞は there です。

(5)［L. 09 / L. 14］「Let's ＋一般動詞の原形」で、話し手も含めて「一緒に…しよう」という誘いの表現になります。「…を楽しむ」は一般動詞 enjoy を用います。

(6)［L. 09 / L. 10］頻度を示す副詞「たいてい」は usually で、通常一般動詞の前に置かれます。また文末に用いられている副詞については、「場所＋時」の語順が基本なので、場所を示す副詞 here（ここに）、時を示す副詞（very）early（［とても］早く）の順になっています。

(7)［L. 14］問題 (2)(5) と比較。be 動詞を用いた命令文、「…でいなさい」です。quiet は形容詞で、「静かな」という意味です。

（6点×3）
[B]（1）mine　（2）His　（3）his

(1)［L. 08 / L. 11］my house（私の家）＝ mine（私のもの）。「所有を表す代名詞（my、your）＋名詞」を 1 語で言い換えると、mine、yours（あなたのもの）になります。また that は英文 a のように主語に用いて名詞「あれは・が」になる場合と、英文 b のように、名詞 house を説明する形容詞「あの…」となる 2 つのパターンがあります。よって、表現方法も 2 種類あります。**訳：a.（あれは私の家です）　b.（あの家は私のものです）**

(2)［L. 08］Ken's（ケンの）を代名詞で言い替えると、his（彼の）となります。「人の名前＋アポストロフィー（'）s」で「（人）の…」と所有者を表す形となります。**訳：a.（ケンの姉［妹］は医者です）　b.（彼の姉［妹］は医者です）**

(3)［L. 08 / L. 11］問題 (2) との違いを確認しましょう。所有を示す his ...（彼の…）は、「彼のもの」という意味でも用いられます。ここは his jackets（彼のジャケット）を his（彼のもの）1 語で言い換えた形です。these は this（これは・が、この…）の複数形です。問題 (1) の that と同じように、this には名詞と形容詞、両方の働きがあるので、複数形 these も名詞「これらは・が」（英文 a）、形容詞「これらの…」（英文 b）の 2 つのパターンがあります。※ that の複数形は those（あれらは・が［名詞］、あれらの…［形容詞］）。**訳：a.（これらは彼のジャケットです）b.（これらのジャケットは彼のものです）**

（6点×2）
[C]（1）( They don't study this ) subject.
　　（2）Your mother drives very carefully.

(1)［L. 06 / L. 09 / L. 13］一般動詞の否定文は、「主語＋ don't ＋一般動詞の原形」の語順です。主語が he/she/it であれば、don't ではなく doesn't になります。**（訳：彼ら［彼女たち］はこの教科を勉強しません）**

(2)［L. 06 / L. 09 / L. 10］「主語＋動詞」に副詞 very（とても）、carefully（注意深く）を付け加えた形です。your mother ＝ she（彼女は・が）なので、一般動詞の語尾は s/es を付けた形（3 人称単数現在形）になります。**（訳：あなたのお母さんはとても注意深く運転します）**

# まとめ問題 2 定着度診断表

## Grade A　100点 ～ 86点

**順調です！**
間違った個所をしっかり分析し、軽く復習したら、次のチャプターに進みましょう！
また「まとめ問題1」の復習も忘れないでください。地道な積み重ねが大切で、油断は禁物です。

## Grade B　85点 ～ 70点

**ちょっと怪しいですが、ギリギリセーフ。**
忘れていることが山積みになっていませんか？　今回間違った個所の分析と全体的な復習はもちろん、「まとめ問題1」の範囲も復習をしたうえで、次のチャプターへ！　急ぎは禁物です。

## Grade C　69点以下

**残念！**
厳しいようですが、このままでは先に進めません。まずは、これまでのレッスンを復習しましょう。無理をせずに「まとめ問題1」の範囲から改めて復習をして、土台をしっかり固めましょう。このままあきらめないで、必ず再チャレンジしてください！

p. 138 ～ 140

# Lesson 15 / Answer Key

## Lesson 14 の復習問題

（1）Let's cook dinner.　（2）Don't cross the street.　（3）Be quiet, please.　（4）Close the door.

**Point** 命令文は「主語なし動詞の原形」が基本！
（1）「Let's ＋動詞の原形」で、話し手も含めて「[一緒に] …しましょう」という、提案や誘いの表現になります。
（2）「Don't ＋動詞の原形」で、「…するな」「…しないで」と否定の命令文になります。
（3）please を用いると、「…してください」と普通の命令文よりは丁寧な印象を与える文になります。命令文は動詞の原形を用いるので、are → be になります。please を文末で用いる場合は、通常、コンマ（ , )please とします。
（4）問題（3）と比較。ストレートに「…しなさい」「…して」と命令する表現です。主語を消して動詞の原形で始めれば OK です。

## Lesson 15 の演習問題

**1.**

**Point** 語尾が「1 母音字＋1 子音字」の ing 形は、最後の子音を重ねて ing のパターン。

(1) stop（止まる、…を止める）の ing 形は stopping。

(2) run（走る）の ing 形は running。

(3) sit（座る）の ing 形は sitting。

(4) swim（泳ぐ）の ing 形は swimming。

**2.**

[A] (1) They are enjoying shopping.　(2) Mike is coming here.

(3) My brothers are swimming in the pool.　(4) We are listening to music.

(1) They enjoy shopping.（彼らは買い物を楽しみます）は現在の習慣を表す現在形です。現在進行形は、「be 動詞＋動詞の ing 形」の形です。be 動詞は主語に合わせて変化するので、主語が they の場合は are となります。enjoy の ing 形は、語尾に ing を付ければ OK の基本パターンです。**（訳：彼ら［彼女たち］は買い物を楽しんでいます）**

(2) 現在形：Mike comes here.（マイクはここに来ます）。主語が Mike（＝ he）なので、be 動詞は is です。ing 形は、comes を原形 come に戻してからパターンを考えます。語尾が e で終わる動詞は e を消して ing です。**（訳：マイクはここに向かっています［来るところです］）**

(3) 現在形：My brothers swim in the pool.（私の弟［兄］たちはプールで泳ぎます）。主語が複数形 my brothers（=they）なので、この場合の be 動詞は are となります。swim の語尾は「1 母音字（i）＋1 子音字（m）」なので、最後の子音（m）を重ねて swimming とします。**（訳：私の弟［兄］たちはプールで泳いでいるところです）**

(4) 現在形：We listen to music.（私たちは音楽を聴きます）。主語 we に対する be 動詞は are。listen [lísn] の語尾は「1 母音字（e）＋1 子音字（n）」ですが、1 母音字にアクセントがないので、基本パターンの listening で OK です。発音は ing の i が n とくっついて、「リスニング」となります。**（訳：私たちは音楽を聴いています）**

[B] (1) Are you using this chair now?

(2) He isn't［is not］cleaning the room. または He's not cleaning the room.

(3) She drives.　(4) Tom is studying Japanese.

(1) 現在進行形：You're using this chair now.（あなたは今このイスを使っています）。be 動詞を用いた英文は、主語と be 動詞の位置を反対にすれば疑問文になります。now は副詞で、「今」という意味です。（返答例）Yes, I am.（はい、使っています）/ No, I'm not.（いいえ、使っていません）。**（訳：あなたは今、このイスを使っていますか）**

(2) 現在進行形：He is cleaning the room.（彼は部屋を掃除しているところです）。be 動詞を用いた英文の否定文は、「be 動詞＋ not」で OK です。日常会話では短縮形が基本です。is not → isn't または He is の短縮形 He's に not を付けます。**（訳：彼は部屋を掃除しているところではありません）**

(3) 現在進行形：She's driving.（彼女は車を運転中です）。driving の原形は drive で、主語が 3

人称単数なので drives となります。（**訳：彼女は車を運転します**）

(4) 現在形：Tom studies Japanese.（トムは日本語を勉強します）。studies を原形 study に戻し、「be 動詞＋動詞の ing 形」に当てはめます。主語が Tom（=he）なので be 動詞は is です。study の ing 形は基本パターンの studying です。（**訳：トムは日本語を勉強しているところです**）

[C]　(1) Are you waiting for them?　(2) I am writing a letter.　(3) Do you love animals?
　　　(4) I'm not watching TV.　(5) I know you.

(1) 現在進行形の疑問文は、「be 動詞＋主語＋動詞の ing 形？」です。（返答例）Yes, I am.（はい、待っています）/ No, I'm not.（いいえ、待っていません）。

(2) 現在進行形の肯定文は、「主語＋ be 動詞＋動詞の ing 形」です。writing の原形は write（…を書く）です。

(3) 現在形「主語＋一般動詞（love）＋目的語」の疑問文です。現在形においては、一般動詞の疑問文は do/does を文頭に用います。love は「…が大好きである」という意味で「状態」を示しているので、通常、現在進行形にはしません。現在進行形は、「動作」の進行を示す表現です。（返答例）Yes, I do.（はい、大好きです）/ No, I don't.（いいえ、好きではありません）

(4) 現在進行形の否定文「主語＋ be 動詞＋ not ＋動詞の ing 形」。

(5) 現在形「主語＋一般動詞（know）＋目的語」。問題 (3) と同様、know（…を知っている）は「動作」ではなく「状態」を意味するので、現在進行形にはしません。他にも、have（…を持っている）、like（…が好きである）、want（…を欲しいと思う）などは、通常、現在進行形にはしません。

## 3.

(1) (b)　(2) (c)　(3) (e)　※選択肢 (a) (d) は不要

(1) 現在進行形の疑問文：Are you leaving?（あなたは出発するところですか？）— Yes, I am.（はい、そうです）。Are you ...? と be 動詞を用いた疑問文に対しては、be 動詞を用いた返答文になります。

(2) 現在形の疑問文：Do you eat sushi?（あなたは寿司を食べますか？）— Yes, I do.（はい、食べます）。do/does を用いた疑問文には、do/does で返事をします。no と否定であれば do/does は don't/doesn't になるので、選択肢 (a) は文法的に誤りです。（○）No, I don't.。

(3) 現在進行形の疑問文：Is Sakuma sleeping?（サクマは寝ているところですか？）— No, he isn't.（いいえ、寝ているところではありません）。問題 (1) を参照しましょう。選択肢 (d) は、does を用いた疑問文に対する返事なので不適切です。

# Lesson 16 / Answer Key

## Lesson 15 の復習問題

(1) She is (She's) watching a movie.

(2) I'm not helping my mother. または I am not helping my mother.

(3) Many students are enjoying the class.　(4) Are you having a good time?

> **Point** 現在進行形「主語＋ be 動詞＋動詞の ing 形」で、今進行している動作を表す！
>
> (1) 現在形：She watches a movie.（彼女は映画を観ます）。現在形の動詞部分を「be 動詞＋動詞の ing 形」のように現在進行形「…しています」の形にすると、話をしている時点で進行中の動作を表すことができます。3 人称単数現在形 watches は、原形 watch に戻してから ing 形の watching にします。（**訳：彼女は映画を観ています**）
>
> (2) 現在形・一般動詞の否定文：I don't help my mother.（私は母を手伝いません）。これを現在進行形の否定文「…していません」にするには、「be 動詞＋ not ＋動詞の ing 形」の形を用います。I am の短縮形、I'm ＋ not の形がよく用いられます。（**訳：私は母を手伝っていません**）
>
> (3) 現在形：Many students enjoy the class.（たくさんの生徒たちがその授業を楽しみます）。問題 (1) を参照しましょう。主語は many students（= they）と複数形なので、be 動詞は are となります。enjoy の ing 形は、そのまま語尾に ing を付ければ OK です。（**訳：たくさんの生徒たちがその授業を楽しんでいます**）
>
> (4) 現在形・一般動詞の疑問文：Do you have a good time?（[普段] あなたは楽しく過ごしていますか？）。これを現在進行形の疑問文「…していますか？」にするには、「be 動詞＋主語＋動詞の ing 形？」の形を用います。一般動詞 have は、「…を持っている」という「状態」を表す意味では進行形にしませんが、「…を過ごす」や「…を食べる」という意味では進行形にすることができます。（例）I'm having [= eating] lunch now.（私は今、昼食を食べているところです）。（**訳：あなたは楽しく過ごしていますか？**）

## Lesson 16 の演習問題

**1.**

> **Point** せっかく覚えた過去形も、正しく発音できなければ相手に通じない。繰り返し音読練習をすることが大切！
>
> パターン 1：
>
> (1) 現在「（スポーツなど）をする」→過去「（スポーツなど）をした」
>
> (2) 現在「…を勉強する」→過去「…を勉強した」
>
> (3) 現在「…を使う」→過去「…を使った」
>
> (4) 現在「…を楽しむ」→過去「…を楽しんだ」
>
> パターン 2：
>
> (1) 現在「…が好き」→過去「…が好きだった」
>
> (2) 現在「…を止める」→過去「…を止めた」

(3) 現在「…を料理する」→過去「…を料理した」

(4) 現在「働く」→過去「働いた」

パターン3:

(1) 現在「…を訪ねる」→過去「…を訪ねた」

(2) 現在「…が欲しい」→過去「…が欲しかった」

(3) 現在「待つ」→過去「待った」

(4) 現在「…を手渡す」→過去「…を手渡した」

# 2.

[A] (1) I studied English yesterday.　(2) I used my dictionary then.

　　(3) I enjoyed walking last Sunday.

(1)「時」を表す副詞 yesterday（昨日）は、過去形と一緒に用います。study の過去形は y を i に変えて ed です。(**訳：私は昨日、英語を勉強しました**)

(2) yesterday 同様、「その時」という意味の副詞 then は、過去形と一緒に用います。use のように語尾が e で終わる動詞の過去形は、d のみを付ければ OK です。(**訳：私はその時、自分の辞書を使いました**)

(3)「この前の」「先…」「昨…」などの意味を持つ last は、時を表す名詞とセットで用いて、過去を示します。(例)last year（去年）、last month（先月）、last night（昨晩）など。enjoy の過去形は、普通に ed を付けるだけです。(×)enjoied とはしません。study のように語尾が「子音(d) + y」であれば、ied の変化になりますが、enjoy は「母音 (o) + y」なので、このパターンは適用されません。(**訳：私は先週の日曜日、ウォーキングを楽しみました**)

[B] (1) We didn't wait for her.　(2) He didn't have breakfast then.

(1) We waited for her.（私たちは彼女を待ちました）。過去形の否定文は、「主語＋ didn't ＋一般動詞の原形」です。過去形 wait<u>ed</u> は、原形 wait に戻ることに注意しましょう。(**訳：私たちは彼女を待ちませんでした**)

(2) He had breakfast then.（彼はそのとき朝食を食べました）。過去形の否定文は、現在形のような主語による don't/doesn't の使い分けはなく、常に「didn't ＋一般動詞の原形」となります。過去形 had の原形は have です。なお、動詞 have は「…を持っている」のほかに、「…を食べる」(= eat) という意味でもよく使われますので、覚えておくと便利です。(**訳：彼はそのとき朝食を食べませんでした**)

[C] (1) Did they play golf last Sunday?　(2) Did she study Japanese yesterday?

(1) They played golf last Sunday.（彼らは、この前の日曜日にゴルフをしました）。過去形の疑問文は、「Did ＋主語＋一般動詞の原形 …?」です。疑問文では、過去形 play<u>ed</u> は原形 play に戻ります。(返答例)Yes, they did.（はい、しました）/ No, they didn't.（いいえ、しませんでした）。(**訳：彼らは、この前の日曜日にゴルフをしましたか？**)

(2) She studied Japanese yesterday.（彼女は昨日、日本語を勉強しました）。過去形の疑問文は、do/does のように主語によって使い分ける必要はなく、did のみとなります。過去形 studied が

原形 study に戻ることにも注意しましょう。（返答例）Yes, she did.（はい、しました）/ No, she didn't.（いいえ、しませんでした）（**訳：彼女は昨日、日本語を勉強したのですか？**）

[D]　(1) No, I didn't.　(2) Yes, he does.　(3) Yes, she did.

(1) you を使って尋ねている疑問文なので、返答の主語は I を用います。yes の場合は、Yes, I did.（はい、しました）です。（**訳：あなたは昨日私に電話をかけましたか？—いいえ、かけませんでした**）

(2) 現在形 does に対する返答文には、does を用います。主語 Osamu は、代名詞 he で言い換えることもポイントですね。no の場合は、No, he doesn't.（いいえ、読みません）です。（**訳：オサムは本を読みますか？—はい、読みます**）

(3) Yoshiko を she で言い換えた返答文です。過去形の場合は、do/does のような使い分けはありません。no の場合は、No, she didn't.（いいえ、楽しみませんでした）です。（**訳：ヨシコはそのパーティーを楽しみましたか？—はい、楽しみました**）

p. 154 ～ 155

# Lesson 17 / Answer Key

## Lesson 16 の復習問題

(1) She liked coffee very much.　(2) He didn't [did not] play tennis with Ken.
(3) I studied art in London.　　　(4) The bus stopped in front of my house.

**Point**　「時」は動詞の形で表す！　一般動詞の過去形は「語尾＋ ed」！
(1) 現在形：She likes coffee very much.（彼女はコーヒーがとても好きです）。3 人称単数現在形 likes を、まずは原形 like に戻します。動詞の語尾が e で終わる場合は、d のみを付けると過去形となります。（**訳：彼女はとてもコーヒーが好きでした**）
(2) 現在形・否定文：He doesn't play tennis with Ken.（彼はケンとテニスをしません）。現在形は現在の状況や習慣、過去形は過去の出来事を表現したものです。現在形には、don't や 3 人称単数の主語（he/she/it）に合わせた doesn't がありますが、過去形は didn't [did not] のみです。（**訳：彼はケンとテニスをしませんでした**）
(3) 現在形：I study art in London.（私はロンドンで芸術を勉強します）。動詞の語尾が「子音字＋ y」の場合、y を i に変えて ed で過去形になります。stu 子音 dy。（**訳：私はロンドンで芸術を勉強しました**）
(4) 現在形：The bus stops in front of my house.（バスは私の家の前で止まります）。動詞の語尾が「1 母音字＋ 1 子音字」の場合は、最後の子音字（p）を重ねて ed で過去形になります。st 1母音字 o 1子音字 p。（**訳：バスは私の家の前で止まりました**）

039

## Lesson 17 の演習問題

### 1.

[A] （1）He can cook very well.　（2）Can she play golf?

（3）You can't［cannot］ask questions.

> （1）現在形・肯定文：He cooks very well.（彼はとても上手に料理をします）。「can ＋一般動詞の原形」で「…することができる」という意味になります。（×）can cooks。（**訳：彼はとても上手に料理をすることができます**）
>
> （2）現在形・疑問文：Does she play golf?（彼女はゴルフをしますか？）。can を用いた疑問文は、「Can ＋主語＋一般動詞の原形 …?」（…できますか？）の語順です。（**訳：彼女はゴルフができますか？**）
>
> （3）現在形・否定文：You don't ask questions.（あなたは質問をしません）。can を用いた否定文は、「主語＋ can't［cannot］＋一般動詞の原形 …」（…できません）の語順です。（**訳：あなたは質問をすることができません**）

[B] （1）Our cats don't eat vegetables.　（2）Did he enjoy the party?

（3）Elephants can't［cannot］jump.　（4）Can you ride a bicycle?

（5）Yes, I can. または Sure.

> **Point** 動詞の表現に応じた疑問文・否定文の変化をしっかり整理しておこう！
>
> （1）現在形：Our cats eat vegetables.（私たちのネコは野菜を食べます）。現在形の一般動詞の否定文は、「主語＋ don't/doesn't ＋一般動詞の原形 …」（…しません）になります。主語が3人称単数（he/she/it）以外であれば、don't になります。our cats（＝ they）には don't です。（**訳：私たちのネコは野菜を食べません**）
>
> （2）過去形：He enjoyed the party.（彼はそのパーティーを楽しみました）。一般動詞の過去形の疑問文は、「Did ＋主語＋一般動詞の原形 …?」（…しましたか？）の語順です。（**訳：彼はそのパーティーを楽しみましたか？**）
>
> （3）Elephants can jump.（象はジャンプすることができます）。 can を用いた否定文は、「主語＋ can't［cannot］＋一般動詞の原形 …」（…できない）の形です。（**訳：象はジャンプすることができません**）
>
> （4）You can ride a bicycle.（あなたは自転車に乗ることができます）。can を用いた疑問文は、「Can ＋主語＋一般動詞の原形 …?」（…できますか？）の語順です。（**訳：あなたは自転車に乗ることができますか？**）
>
> （5）相手にお願いする表現：Can you help my brother?（私の兄［弟］を手伝ってくれませんか？）。can を用いた疑問文に対しては、can を用いた形のほかに、Sure.（もちろん）と肯定的な気持ちを明確にした語を使うことも可能です。最低限この2パターンを押さえておくと良いでしょう。問題文は、「私の兄［弟］を手伝うことができますか？」と相手に手伝うことが可能かどうかを確認したものと解釈することもできます。（**訳：はい、手伝います／もちろん**）

### 2.

（1）彼はここで日本語を勉強しました。　（2）彼はここで日本語を勉強することができます。

（3）私と一緒にいてくれませんか？　（4）このコンピューターを使ってもいいですか？

p. 159 ～ 160

**Point** 動詞の表現をしっかり見極めることが大切！

(1) studied は過去の出来事を表す過去形です。現在形 studies（勉強する）と区別しましょう。

(2) can ＋一般動詞の原形。can は、動詞の本来の意味に「…することができる」という意味を加えます。

(3) Can you ...? は、「…してくれませんか？」と相手に何かをお願いする表現として用いることができます。可能の表現として、「あなたは私と一緒にいることができますか？」としても OK です。どちらの意味かは、前後の状況や文脈で判断できます。stay は「滞在する、とどまる」という意味の動詞です。

(4) Can I ...? は、「…してもいいですか？」と相手に許可を求める表現として用いることができます。問題 (3) 同様、可能の表現として「私はこのコンピューターを使うことができますか？」としても OK です。

# Lesson 18 / Answer Key

## Lesson 17 の復習問題

(1) You can get a free coupon.　(2) He can write good English.

(3) She can't [cannot] buy new shoes.　(4) Can you help me?

**Point** 「…できる」は「助動詞 can ＋一般動詞の原形」の形！

(1) You get a free coupon.（あなたは無料クーポンを手に入れます）。「can ＋一般動詞の原形」で「…することができる」と可能を表すことができます。（**訳：あなたは無料クーポンを手に入れることができます**）

(2) He writes good English.（彼は上手に英語を書きます［良い英語を書きます］）。can の後ろは動詞の原形です。(×)can writes は間違いです。（**訳：彼は上手な英語を書くことができます**）

(3) She doesn't buy new shoes.（彼女は新しい靴を買いません）。「…することができない」を表す can の否定形は、can't または cannot。（**訳：彼女は新しい靴を買うことができません**）

(4) Do you help me?（あなたは僕を手伝いますか？）。can の疑問文「…できますか？」は、be 動詞と同じ要領で主語と can の位置を反対にします。「Can ＋主語＋一般動詞の原形 …?」。Can you ... ? は、「…してくれませんか」と相手に何かをお願いする依頼表現としても用いることができます。（**訳：私を手伝うことができますか？ / 私を手伝ってくれませんか？**）

## Lesson 18 の演習問題

**1.**

(1) 彼は素晴らしいパイロットです。　(2) 彼は飛行機に乗っています。

(3) パーティーの（に参加する）ためにたくさんの人たちがここにいます。

(1) 「主語＋ be 動詞＋形容詞・名詞」は、「(主語) は…です」と主語の様子や状況を説明する表

現です。He's は He is の短縮形です。

(2) 問題（1）との違いを確認しましょう。「主語＋ be 動詞＋場所を表す語句」では、be 動詞は「いる、ある」と存在を表す働きになります。be on ...（…の上にいます）。

(3) 問題（2）参照。be here（ここにいます［あります］）。here は場所を示す副詞です。一般動詞 hear（…が聞こえる）と混同しないように注意しましょう。

## 2.

(1) I am at home.　(2) He's new here.　(3) Are you there?　(4) She's not in the kitchen.

**Point** be 動詞には「…です」と「（ある場所に）いる・ある」の２種類の意味がある！

(1) at home（家に、在宅して）は場所を表す慣用表現で、ここでの be 動詞は、存在の「いる、ある」を表しています。（**訳：私は家にいます**）

(2) He is here. であれば「彼はここにいます」と「存在」を意味する be 動詞になりますが、He's new here. の new が主語の説明をする形容詞なので、「主語は…です」の表現と判断します。形容詞 new は「新しい」という意味で知られていますが、ここでは「新入りの」という意味になります。このように、１つの単語に１つの意味とは限りません。好奇心を持って積極的に辞書を引くことが、英語学習の秘訣です。（**訳：彼はここでは新人です**）

(3) there（そこに・で）は場所を示す副詞です。ここでは、Are you ...?（あなたは…にいますか？）と、存在場所を確認する疑問文になっています。（**訳：あなたはそこにいますか？**）

(4) be 動詞＋ in ...（…にいる）は、「存在」を示す形です。問題ではそれを否定にした形（be 動詞＋ not）が用いられています。「前置詞＋名詞」で場所を示す語句になっています。（**訳：彼女は台所にいません**）

## 3.

(1)(g)　(2)(c)　(3)(f)　(4)(d)　(5)(b)

※ (a) there（そこに・で）、(e) here（ここに・で）は不要

(1) 前置詞 in（…の中に・で）。

(2) 副詞 over there（向こうに）。２語で１つの場所を示す副詞とみなされます。副詞 there（そこに・で）よりも遠い場所を指します。

(3) 前置詞 under（…の下に・で）。

(4) 前置詞 near（…の近くに・で）。前置詞 by（…のそばに・で）のほうがより近い場所を示します。

(5) 前置詞 on（…の上に・で）。

p. 161 〜 163

# まとめ問題 3 / Answer Key

いかがでしたか？　配点を設けてありますので、最後に採点し定着度を診断してみましょう。

※スペルミスは１点減点です。

**1.** (4点×4)

解答とスクリプト：

(1) (a) Are they having lunch? — Yes, they are.

(2) (c) Can I use your desk? — Sure.

(3) (d) Is your mother in the garden? — Yes, she is.

(4) (b) Did you swim in the pool then? — No, I didn't.

> (1) [L. 15] Are they having lunch? — Yes, they are.（**訳：彼らは昼食中ですか？—はい、そうです**）。まさに今進行中の動作を示す、現在進行形「be 動詞＋動詞の ing 形」の疑問文です。返答文にも be 動詞を用います。Are they ...? と聞かれているので、be 動詞 are が用いられた (a) が正解と判断します。現在進行形の疑問文やその返答文は、普通の be 動詞を用いた英文の疑問文とポイントは同じです（L. 12 参照）。
>
> (2) [L. 17] Can I use your desk? — Sure.（**訳：あなたの机を使ってもいいですか？—もちろんですよ**）。Can I ...? で「…してもいいですか？」と相手に許可を求める表現になります。Sure.（もちろん）は、肯定（yes）の返事として用いられます。または、Yes, you can.（はい、使ってもいいですよ）としても OK です。
>
> (3) [L. 18] Is your mother in the garden? — Yes, she is.（**訳：あなたのお母さんは庭にいますか？—はい、います**）。「主語＋ be 動詞＋場所を表す語句」で、主語の居場所を表現することができます。ここはその疑問文です。be 動詞を用いた疑問文には、be 動詞で答えるのが基本です。また、主語 your mother は返答文では代名詞 she になります。
>
> (4) [L. 16] Did you swim in the pool then? — No, I didn't.（**訳：あなたはその時プールで泳いだのですか？—いいえ、泳ぎませんでした**）。did を用いて過去の出来事や動作を尋ねる疑問文です。Did you ...? に対する返答文は、そのまま did を用いて「Yes, I did.」または「No, I didn't.」とします。

**2.** (1語につき3点×12)

[A] (1) Did、wash　(2) Can、do、it　(3) is、near または by　(4) didn't、go、last

(5) can't または cannot　(6) stopped

> (1) [L. 16]「洗った」という過去の動作を尋ねる（疑問文）には、「Did ＋主語＋一般動詞の原形 …?」の形を用います。this morning（今朝）、this afternoon（今日の午後）も、主語が話をしている時間帯によっては、過去の英文でも用いることができます。（例）I got up late this morning.（私は今朝寝坊しました）、I met his wife this afternoon.（今日の午後、彼の奥さんに会いました）
>
> (2) [L. 17]「…できる」を表すには、能力・可能を表現する助動詞 can を用います。「主語＋ can ＋一般動詞の原形」の形で用いられます。問題文は、You can do it. を疑問文にしたものです。be 動詞と同じ要領で、主語と can の位置を反対にすれば、can を用いた疑問文になります。do は一般動詞で「…をする」という意味で、疑問文や否定文を作る言葉とは異なりますので注意してください。
>
> (3) [L. 18] be 動詞と場所を表す語句を一緒に用いることで、「（ある場所に）いる・ある」という「存在」を表現することができます。be near [by] …（…の近くにいる・ある）。by のほうが near よりも近い距離を表します。
>
> (4) [L. 16] 過去形 went to school（学校に行った）の否定文は、didn't go to school になります。

「主語＋ didn't ＋一般動詞の原形」の形で、「…しませんでした」という意味になります。went は go が不規則に変化した過去形です。last ... を用いると、「この前の…」と過去を示す表現になります。

(5) [L. 17] 問題 (2) と比較。「…できる」を表す can の否定形「…できない」は、「主語＋ can't/cannot ＋一般動詞の原形」で表現できます。

(6) [L. 16] stop（…を止める）の過去形 stopped（…を止めた）。この形で過去の出来事や動作を表現できます。stop は語尾が「1 母音字（o）＋1 子音字（p）」なので、その場合は最後の子音を重ねて ed となります。

(6点×4)

[B] (1) I studied English in the library yesterday.

(2) Are you using this dictionary?　(3) We didn't have dinner at home.

(4) You can get postcards here.

(1) [L. 16] 動詞を過去の形にすれば過去形になります。基本的な一般動詞の過去形は語尾に ed ですが、study のように語尾が「子音字＋y」であれば y を i に変えて ed にします。（訳：現在形：私は図書館で英語を勉強します／過去形：私は昨日、図書館で英語を勉強しました）

(2) [L. 15] Do you ＋一般動詞の原形 …?（あなたは…しますか？）は、現在の習慣や状況について尋ねる疑問文です（L. 13 参照）。まさに今、進行している動作を表す現在進行形（be 動詞＋動詞の ing 形）では、be 動詞を用います。その疑問文は、主語と be 動詞の位置を反対にすれば OK です。Do you use ... ? をまずは肯定文にし、その後現在進行形にしてから疑問文にすると分かりやすいです。Do you use this dictionary? → You use this dictionary. → You are using this dictionary. → Are you using this dictionary?。 use のように、語尾が e で終わる場合の ing 形は、e を取って ing となります。（訳：一般動詞の現在形の疑問文：あなたはこの辞書を使いますか？／現在進行形の疑問文：あなたはこの辞書を使っていますか？）

(3) [L. 16] had dinner（夕食を食べた）で用いられる had は、過去の出来事を示す過去形です。一般動詞の過去形の否定文は、「主語＋ didn't[did not] ＋一般動詞の原形」で表します。have には eat の意味があります。（例）I'm having[eating] lunch now.（私は今、ランチを食べているところです）。（訳：過去形：私たちは家で夕食を食べました／過去形の否定文：私たちは家で夕食を食べませんでした）

(4) [L. 17]「助動詞 can ＋一般動詞の原形」で「…できる」という意味になります。（訳：現在形：あなたはここで葉書を手に入れます／can を用いた英文：あなたはここで葉書を手に入れることができます）

(6点×2)

[C] (1) 私はアラスカ州でガイドをしています。（私はアラスカ州のガイドです）

(2) 私はアラスカ州にいます。

(1) [L. 07]「主語＋ be 動詞＋形容詞・名詞」の形で、主語の説明をしたものです。この場合は、「(主語)は…です」という意味になります。ここでは名詞 a guide（ガイド）が主語の説明をする語句になります。

(2) [L. 18]「主語＋ be 動詞＋場所を表す表現」の形で、主語の存在を表したものです。この場

合は、「(主語)は…にいる・ある」という意味になります。ここでは in Alaska (アラスカ州で) が場所を表す表現です。

(6点×2)

[D] (1)（Joan and Tomoko are in）the U.S. ※ on は不要

　　(2) He can help us. ※ helps は不要

(1) [L. 18]「(ある場所・国)の中に・で」を表すには、前置詞 in を「場所を示す単語」の前に置きます。on は「…の上に」という意味が基本です。この be 動詞は後ろに場所を示す表現（in the US）があるので、主語の存在「(主語が)いる・ある」を表します。and は接続詞といい、L. 19 で詳しく学びます。※ U.S. は United States（アメリカ合衆国）の略です。（**訳：ジョーンとトモコはアメリカにいます**）

(2) [L. 17] 助動詞 can（…できる）の後ろには、一般動詞の原形を置きます。3 人称単数現在形 helps は、can の後ろでは用いることはできません。（**訳：彼は私たちを助けることができます**）

# まとめ問題 3 定着度診断表

## Grade A　100点 ～ 86点

**順調です！**

間違った問題をしっかり分析し、軽く復習したら、次のチャプターに進みましょう！ また、これまでの「まとめ問題」で間違えた個所の復習も忘れないようにしてください。この調子で頑張りましょう！

## Grade B　85点 ～ 70点

**ちょっと怪しいギリギリセーフ！**

時には立ち止まる勇気も必要です。ここで、自分で気づいている弱点を克服しましょう！ もちろん、今回間違った問題の分析が最優先ですが、この段階まで来れば、不安な個所を確実にクリアにしてください。そして、復習が終わったら、次のチャプターへ！ 先を急ぐのは禁物です。

## Grade C　69点以下

**残念！**

厳しいようですが、このまま先に進んではいけません。新しい気持ちで Lesson 01 の解説から精読し、「まとめ問題 1、2」を解いて、徹底的に復習をしましょう！ その後で、もう 1 度今回の問題にチャレンジしてください！

# Lesson 19 / Answer Key

## Lesson 18 の復習問題

(1) 彼女は向こうにいます。　(2) 彼女は看護師です。　(3) あなたは沖縄にいるんですか。
(4) あなたは名古屋出身ですか。　(5) それは私の机の上にあります。

> **Point**　「主語＋ be 動詞＋場所を表す語句」で「（主語は）…いる」と存在を示す！
>
> (1) 「be 動詞＋場所を示す副詞（over there）」で主語の存在「いる、ある」を示します。over there は「向こうで・に」と場所を表す副詞の表現です。
>
> (2) 「主語＋ be 動詞＋名詞」。名詞（または形容詞）で主語の立場、様子や状態を示す形です。存在の働きとは異なります。
>
> (3) 問題(1) 参照。「be 動詞＋ in ...」で「…の中にいる」と、主語の存在を示す形になっています。
>
> (4) 問題(2) 参照。be from ...（…出身である）と主語の説明をする形です。from は「…から、…出身」を表すので、be 動詞の後ろの from Nagoya は「名古屋出身」を意味します。よって、be 動詞の後ろで用いて主語を説明する名詞や形容詞ではありませんが、主語＝名古屋出身となり from 以下が主語の説明をしていると判断できます。「ある・いる」の be 動詞として考えてみるとどうでしょう。「主語は名古屋からいます」となり意味不明ですよね。従って、この文の be 動詞は from Nagoya と主語を結び付ける働きをしていると分かるのです。
>
> (5) 問題(1) 参照。「be 動詞＋ on ...」で「…の上にいる・ある」と、主語の存在を示す形になっています。

## Lesson 19 の演習問題

**1.**

(1) 普通の疑問文は文末を上げ調子で発音します。（**訳：あなたは学校で英語を勉強しますか？**）
(2) or を用いた疑問文は or の前を上げて、or の後は下がります。（**訳：あなたは英語を勉強しますか、それともフランス語ですか？**）
(3) 問題(2) 参照。（**訳：あなたは神戸に行ったのですか、それとも大阪ですか？**）

**2.**

[A]　(1) and　(2) are　(3) but　(4) or

(1) 「合体」の接続詞、A and B（A と B、A そして B）です。Can I have ...?（…をください）は、お店やレストランなどで何かを注文するときに使える表現です。
(2) Taro and I（タロウと私）の代名詞は複数形 we（私たち）になるので、be 動詞は are となります。
(3) 「反対」の接続詞、A but B（A しかし B、A だが B）です。話の内容、展開が but の前後で逆になります。
(4) 「選択」の接続詞、A or B（A か B か、A または B か）です。talk to ...（…と話す）で目的

語（L. 09 参照）を取る 1 つの動詞のように働いているので、後ろの代名詞は、目的語を表す形である him と me になっています。

[B]　(1) We ( went to the river but didn't swim ).　(2) Is ( this a vegetable or a fruit )?
　　　(3) He ( can speak Korean and Japanese ).

(1)「反対」の接続詞 but で、自然な流れとは逆の展開を表現したものです。but (we) didn't と主語 we が省略されています。
(2)「選択」の接続詞 or でつなげたものです。fruit は通例、さまざまな果物の総称を表す数えられない名詞として用いられますが、ここでの fruit は、具体的な種類を表すので数えられる名詞として用いられています。
(3)「合体」の接続詞。Korean and Japanese が 1 カタマリとなって一般動詞 speak の内容を示す目的語になっています。can は「…することができる」と一般動詞に能力・可能の意味を加える助動詞です。

## 3.
(1) (b)　(2) (a)　(3) (c)

(1) She visited him, but I didn't. （訳：**彼女は彼を訪ねましたが、私は訪ねませんでした**）。文意より「反対」の接続詞 but を含んだ (b) が正解となります。but に限らず、or/and が主語の異なる英文同士を結び付ける場合は、通常接続詞の前にコンマ（,）を置きます。余裕があれば、書き言葉のルールとして押さえておくと良いでしょう。文法的には (c) も可能ですが、一つの記号は一度しか使えないので正解は (b) です。
(2) Is she a nurse or a doctor? （訳：**彼女は看護師ですか、それとも医師ですか？**）。「選択」の接続詞。「どちらか」を確認する場合に便利です。
(3) I know Ken and his sister. （訳：**私はケンと彼の姉［妹］を知っています**）。「合体」の接続詞です。Ken and his sister で 1 カタマリとなり、know の目的語になっています。

## 4.
(1) (a)　(2) (d)　(3) (e)　※選択肢 (b) (c) は不要

(1) Is it big or small? ─ It's big. （訳：**それは大きいですか、小さいですか？─それは大きいです**）。or を用いた疑問文は、提示された「選択肢」から答えを選ぶのが自然です。選択肢 (b) (c) は、どちらも or を用いない Is it ...?（それは…ですか？）の疑問文に対する答えです。
(2) Do you eat rice? ─ No, I don't. （訳：**あなたはご飯を食べますか？─いいえ、食べません**）。普通の疑問文に対しては yes/no で答えれば OK です。
(3) Do you eat bread or rice for breakfast? ─ I eat bread. （訳：**あなたは朝食にパンを食べますか、それともご飯ですか？─私はパンを食べます**）。問題 (1) 参照。or を用いた疑問文に対して、yes/no で答えるのは不自然です。意味や話の流れを冷静に考えれば、適切な答えを選択できるはずです。※ for breakfast（朝食に）

# Lesson 20 / Answer Key

## Lesson 19 の復習問題

(1) and　(2) but　(3) or　(4) but　(5) and

**Point** 接続詞の基本的な働きはシンプルに覚える！「合体」の and、「選択」の or、そして「反対」の but！
(1)「合体」。A and B（A と B）。
(2)「反対」。A, but B（A しかし B）。この問題のように、主語が異なる英文同士を結び付ける場合は、通常コンマ（,）but とします。
(3)「選択」。A or B（A か B）。or を用いた疑問文に対しては、yes/no で答えるのは不自然です。
(4) 問題(2)参照。後半の、but (he is) very interesting の he is は省略されています。主語と動詞が同じであれば、通常省略します。
(5) 問題(1)参照。and で結ばれた主語は複数を表すので、be 動詞は are になります。

## Lesson 20 の演習問題

**1.**

(1) or を用いた疑問文では、or の前は上げ調子、後は下げ調子で発音します。（**訳：これは机ですか、それともテーブルですか？**）
(2) yes/no で答える疑問文の文末は、上げ調子で発音します。（**訳：あなたはガールフレンドが欲しいですか？**）
(3) 疑問詞を用いた疑問文の文末は、下げ調子で発音します。問題文は、疑問詞 what と現在進行形を組み合わせものです。例えば、You are reading a book. の a book を疑問詞 what に置き換えて疑問文を作った形です。「疑問詞＋普通の疑問文」の語順です。（**訳：あなたは何を読んでいるのですか？**）
(4) 問題(3)参照。（**訳：あなたは何が欲しいのですか？**）
(5) 問題(2)参照。（**訳：あなたは小説を読みますか？**）

**2.**
答えとスクリプト：
(1)(c) What's your name? — Jack.　(2)(e) Who is that boy? — He's my brother.
(3)(d) Do you like apples? — Yes, I do.　(4)(b) What do you like? — I like apples.
(5)(a) Whose is this towel? — It's yours.

(1) 疑問詞を用いた疑問文の文末は、下げ調子で発音します。（**訳：あなたの名前は何ですか？—ジャックです**）
(2) 問題(1)参照。（**訳：あの少年は誰ですか？—彼は僕の弟［兄］です**）
(3) yes/no で答える疑問文の文末は、上げ調子で発音します。（**訳：あなたはリンゴが好きですか？**

―はい、好きです）

(4) 問題 (1) 参照。（訳：あなたは何が好きですか？―私はリンゴが好きです）

(5) 問題 (1) 参照。（訳：このタオルは誰のですか？―それはあなたのです）


## 3.

[A] (1) What do you like?　(2) Whose is this glass?　(3) Who is that man?

**Point** 疑問詞を用いた疑問文の形は、「疑問詞＋ do/does ＋主語＋一般動詞の原形 …?」
「疑問詞＋ be 動詞＋主語 …?」の２パターンを基本とする！

(1) like（…が好き）の内容を尋ねる疑問詞 what（何）。

(2) 「所有者」を尋ねる疑問詞 whose（誰のもの）。

(3) 「人物」を尋ねる疑問詞 who（誰）。


[B] (1) Who、is　(2) Whose、is　(3) What、does　(4) What、are

(1) 下線部は「人物」を表しているので、「誰？」と尋ねる疑問詞 who が適切です。「Who ＋ be
動詞＋主語？」で、「（主語）は誰ですか？」という疑問文になります。（**訳：彼は誰ですか？―
彼は私の英語の先生です**）

(2) 下線部は hers（彼女のもの）と「所有者」を表現したものなので、「誰のもの？」と尋ねる
疑問詞 whose が適切です。「Whose ＋ be 動詞＋主語？」で、「（主語）は誰のものですか？」と
いう疑問文になります。（**訳：このハンカチは誰のものですか？―それは彼女のです**）

(3) 下線部は play（[楽器] を演奏する）の内容に当たるものなので、「何？」と尋ねる疑問詞
what が適切です。what は物事の内容を尋ねる疑問詞です。「What ＋ do/does ＋主語＋一般動
詞の原形？」で「（主語）は何を…しますか？」という疑問文になります。（**訳：彼女は何を演奏し
ますか？―彼女はフルートを吹きます**）※ play は、楽器やスポーツなどにも用いられます。

(4) 疑問文を作る do/does には、「…をする」という一般動詞としての意味もあります。（例）I
do my homework.（私は宿題をします）。ここでは、一般動詞 make に下線が引かれ、具体的な
動作内容が分からない設定（状況）です。よって、一般動詞 do の現在進行形（be 動詞＋一般動
詞の ing 形）を用いて、「何をしているのか」と尋ねます。覚えておきたい定番表現です。（例）
What are you doing?（あなたは何をしているの？）― I'm watching TV.（テレビを見てるんだよ）。
（**訳：彼らは何をしているのですか？―彼らはハンバーガーを作っています**）


## 4.

(1) (e)　(2) (a)　(3) (b)　(4) (d)　(5) (c)

(1) 「所有者」を尋ねる疑問詞 whose。その返答によく用いられるのが所有者を表す代名詞
(mine、yours など）や所有を示す「人／名前's」の形です。my brother's（私の弟 [兄] のもの）。
※「靴下」のように２つで１組となる名詞は、通常複数形で用います。（**訳：これらの靴下は誰
のですか？―弟 [兄] のです**）

(2) That is [　] .（あれは…です）の「…」の内容を what で尋ねたものです。Is that/this ...?
に対する返答文では、this/that が it になります。（**訳：あれは何ですか？―神社です**）

(3) 「人物」を尋ねる疑問詞 who。人について答えている (b) が適切です。（**訳：あの女の子は**

誰ですか？―彼女は私の娘です）

（4）疑問詞を用いていない普通の疑問文は、yes/no で答えることができます。yes の代わりに、「もちろん」という意味の Of course. を用いた返答文が適当と判断します。（**訳：ワールドカップを見ましたか？―もちろん見たよ**）

（5）do（…をする）の「…」を尋ねる疑問詞 what。返答文には、実際の動作内容（出来事）が書かれている（c）が適切と考えます。（**訳：昨日、あなたは何をしましたか？―私はガールフレンドとパーティーに行きました**）

p. 184 ～ 186

# Lesson 21 / Answer Key

## Lesson 20 の復習問題

（1）Who　（2）Whose　（3）What　（4）What　（5）Who

**Point** 疑問詞は質問内容に応じて選ぶ。「何？」は what、「誰？」は who、そして「誰のもの？」は whose !

（1）He's my teacher.（**彼は私の先生です**）と「人」についての返答文なので、「人」を尋ねる疑問詞 who を用います。（**訳：彼は誰ですか？**）

（2）It's mine.（**それは私のものです**）と、返答文では「持ち主」が表されているので、「所有者」を尋ねる疑問詞 whose を用います。問題（1）と比較して覚えておきたいですね。（**訳：このバッグは誰のですか？**）

（3）She likes shopping.（**彼女は買い物が好きです**）と like の内容を答えていることから、「何を？」と「物事の内容」を尋ねる疑問詞 what を用います。（**訳：あなたの姉 [妹] は何が好きですか？**）

（4）They are studying.（**彼らは勉強しているところです**）。疑問詞 what ＋現在進行形の疑問文「What ＋ be 動詞＋主語＋ doing?」で、主語の進行中の動作内容を尋ねた形です。一般動詞 do（…をする）の内容、つまり具体的に「何をしているのか？」を尋ねるための疑問詞 what です。（**訳：彼らは何をしているところですか？**）

（5）She is my wife.（**彼女は私の妻です**）。問題（1）参照。「誰？」と「人」を尋ねる疑問詞 who です。（**訳：あの美しい女性は誰ですか？**）

## Lesson 21 の演習問題

**1.**
答えとスクリプト：

（1）（e）Where are you from? — I'm from Kobe.

（2）（a）When did you visit your grandmother? — Last week.

（3）（b）What time did you finish your work? — At six o'clock.

（4）（d）What did you do last night? — I had dinner with Tom.

（5）（c）Where do you study? — I usually study in the library.

**Point** まずは文頭の疑問詞を確実に聞き取ることが大切！ 質問内容を理解すること！

(1) 場所を尋ねる疑問詞 where（どこに・で）です。（**訳：あなたはどちらの出身ですか？—神戸出身です**）

(2) 「時」を尋ねる疑問詞 when（いつ）。（**訳：あなたはいつおばあちゃんに会いに行ったのですか？—先週です**）

(3) 「時刻」を尋ねる疑問詞 what time（何時に）。※名詞 work（仕事）。（**訳：あなたは何時に仕事を終えたのですか？—6時です**）

(4) 一般動詞 do（…をする）の内容を尋ねる疑問詞 what（何を）。（**訳：昨夜は何をしましたか？—トムと夕食を食べました**）

(5) 「場所」を尋ねる疑問詞 where（どこに・で）。（**訳：あなたはどこで勉強するのですか？—たいてい、図書館で勉強します**）

## 2.

[A] (1) Where does he live?　(2) When did you open this box?
　　(3) ( What time do you go to ) school?　(4) ( Where are they ) now?

**Point** 疑問詞を用いる疑問文の形は「疑問詞＋do/does＋主語＋一般動詞の原形 …?」「疑問詞＋be 動詞＋主語 …?」の2パターンが基本！

(1) live（住む）から、場所を尋ねる疑問詞 where（どこに）を用いると考えます。「疑問詞＋does＋3人称単数の主語＋一般動詞の原形?」の語順になります。

(2) open（…を開ける）の「時」を尋ねる疑問詞 when（いつ）。「疑問詞＋did＋主語＋一般動詞の原形?」の語順で、疑問詞を使った過去形の疑問文になります。

(3) go to school（学校に行く、通学する）の具体的な「時刻」を尋ねる、疑問詞 what time（何時に）です。「疑問詞＋do＋主語＋一般動詞の原形?」の語順です。

(4) 問題(1)と比較。この be 動詞は、主語の「存在」を示し、「（ある場所に）いる・ある」という意味を表します。ここは、存在場所を尋ねる疑問詞 where（どこに）が用いられています。be 動詞の場合、「疑問詞＋be 動詞＋主語?」の語順になります。

[B] (1) What、time　(2) Where、did　(3) When、did/does　(4) Where、are
　　(5) When、does

(1) at about ten o'clock（10時ごろに）と具体的な「時刻」が返答文に入っているので、「何時に？」という意味の疑問詞 what time を用いると判断します。went は go の過去形で、不規則に変化するパターンです。（**訳：昨夜は何時に寝ましたか？—10時ごろに寝ました**）

(2) to the beach（ビーチ［砂浜］へ）と「場所」が返答文に入っているので、「どこ？」という意味の疑問詞 where を用います。また返答文の主語が we（私たちは）であることから、質問文の you は複数の「あなたたちは」と考えます。（**訳：昨日、あなたたちはどこに行きましたか？—私たちはビーチに行きました**）

(3) after school は「放課後」という意味です。返答文には「時」の表現が用いられているので、「いつ？」と「時」を尋ねる疑問詞 when を用います。※ talk to ...（…と話す、…に話しかける）。（**訳：あなたの弟［兄］はいつ彼女と話した／話すのですか？—放課後です**）

(4) 現在進行形 I'm going ＋場所（私は…［場所］に行くところです）の行き先を、疑問詞

where を用いて尋ねた疑問文です。(**訳：あなたはどちらに行くところですか？―私は駅に行く
ところです**)

(5) in April（4月に）と、「時」が返答文に入っているので、「いつ？」という意味の疑問詞
when を用いると判断します。※ school（学校）は、「特定の学校」や「校舎（建物）」を意識し
ない場合は、無冠詞（a/an/the なし）で用いることができます。(例)go to school（学校に行く）。
(**訳：日本ではいつ学校が始まりますか？― 4 月に始まります**)

## 3.

(1)（d）　(2)（c）　(3)（b）　(4)（f）　(5)（a）　(6)（e）

(1)「時」を尋ねる疑問詞 when。after ... は「…後に」という意味で、時間の順番を示すのに便
利な表現です。反意語は before ...（…前に）です。※ listen to ...（…を聴く）、副詞 usually（大
抵）。(**訳：あなたはたいてい、いつ音楽を聴きますか？―夕食後です**)

(2)「場所」を尋ねる疑問詞 where。※名詞 parents は、複数形で「両親」を意味します。父親
または母親のどちらかの場合は単数形 a parent になります。(**訳：あなたの両親はどこに住ん
でいますか？―ニューヨークです**)

(3)「人物」を尋ねる疑問詞 who。(**訳：あの背の高い男性は誰ですか？―彼は私たちの新しいリ
ーダーです**)

(4) Lesson 20 の復習問題（4）参照。I'm doing ...（私は…しているところです）、この「…」
部分の動作の内容を疑問詞 what で尋ねたものです。※ read には「…を読む」と目的語を必要
とする意味と、目的語を必要としない「読書をする」という意味とがあります。(**訳：あなたは
何をしているのですか？―読書をしています**)

(5)「時刻」を尋ねる疑問詞 what time。「at ＋時刻」で「…時に」という意味になります。(**訳：
それは何時に始まりましたか？― 7 時半です**)

(6)「所有者」を尋ねる疑問詞 whose。mine は「私のもの」と持ち主を示す代名詞です。(**訳：
この本は誰のですか？―私のです**)

## 4.

(1)（b）　(2)（a）

**Point**「疑問詞」の後ろは普通の疑問文と同じ語順！

(1) 一般動詞の疑問文は「Do/Does ＋主語＋一般動詞の原形」の語順です。この形が疑問詞の後
ろに続くのがポイントです。You get up ... → Do you get up ...?（**訳：あなたは毎日何時に起き
ますか？**）

(2) be 動詞の疑問文は、「be 動詞＋主語」の語順です。この形を疑問詞 where の後ろに続けた
(a) が正解です。be 動詞の疑問文では、主語と be 動詞の位置が入れ替わります。Your brother
is ... → Is your brother ...?（**訳：あなたの弟［兄］は今どこにいますか？**）

# Lesson 22 / Answer Key

## Lesson 21 の復習問題

(1) Where　(2) When　(3) Where　(4) What time　(5) When

**Point** 「いつ？」は when、「何時？」は what time、そして「どこ？」は where ！ 質問の内容によって疑問詞は決まる！

(1) In Nagoya.（名古屋です）と「場所」を示す返答文なので、「どこ？」と尋ねる疑問詞 where を用います。（**訳：彼らはどこに住んでいますか？**）

(2) I saw it last year.（私は去年、それ［その映画］を見ました）と、「時」が返答文の内容なので、「いつ？」と尋ねる疑問詞 when を用います。（**訳：あなたはいつその映画を見ましたか？**）

(3) I went to Sapporo.（私は札幌に行きました）。問題 (1) 参照。「どこ？」と「場所」を尋ねる疑問詞 where を用います。（**訳：先月、あなたはどこに行きましたか？**）

(4) At two o'clock in the afternoon.（午後 2 時です）。問題 (2) と比較。「時刻」が返答文の内容なので、「何時に？」と尋ねる疑問詞 what time を用います。※「起床する」は get up、「目覚める」は wake up です。（**訳：昨日は何時に起きましたか？**）

(5) Before breakfast.（朝食前です）。問題 (2) 参照。「いつ？」と「時」を尋ねる疑問詞 when です。（**訳：あなたはたいてい、いつ新聞を読みますか？**）

## Lesson 22 の演習問題

**1.**
答えとスクリプト

(1) (b) How's your wife? — She's fine, thanks.

(2) (c) How tall is he? — He's five feet tall.

(3) (a) How do you get to the office? — By train.

(4) (d) How long did you stay in Okinawa? — We stayed there for a week.

(1) How ＋ be 動詞＋主語？（［主語］の調子はどうですか？ /［主語］はお元気ですか？）と、「状態・様子」を尋ねる文なので、She's fine, thanks.（彼女は元気ですよ、ありがとう）と判断します。She's fine. → She's how. → Is she how? → How is she?「疑問詞＋ be 動詞の疑問文（be 動詞＋主語）」の語順です。（**訳：奥さんはお元気ですか？―彼女は元気ですよ、ありがとう**）

(2) He is five feet tall.（彼は身長が 5 フィートあります）。He is five feet tall. → He is ［how tall］. → Is he ［how tall］? → How tall is he?　この how は「背の高さ」が「どの程度」なのかを尋ねるため、how tall とセットで文頭に移動させます。※ 1 フィートは約 30cm です。（**訳：彼はどれくらいの身長ですか？―彼は身長が 5 フィート［約 150cm］あります**）

(3) You get to the office by train. → You get to the office ［how］. → Do you get to the office ［how］? → How do you get to the office?.「疑問詞＋一般動詞の疑問文（do/does ＋主語＋一般動詞の原形）」の語順です。会社への通勤方法を尋ねる質問なので、「交通手段」を表す By train.（電車です）が返答文となります。※ get to the office（通勤する［会社に着く］）（**訳：あ**

なたはどのように通勤していますか？―電車です）

(4)「期間の長さ」を尋ねる疑問詞 how long を用いた疑問文です。よって、We stayed there for a week.（私たちは 1 週間そこに滞在しました）が返答文となります。You stayed in Okinawa for a week. → You stayed in Okinawa [how long]. → Did you stay in Okinawa [how long] ? → How long did you stay in Okinawa?（訳：あなたたちはどれくらい沖縄に滞在したのですか？―私たちは 1 週間そこに滞在しました）

## 2.

[A] (1) How are they?　(2) How old is the house?
　　(3)（ How did you study ) Japanese?

**Point** 文頭が How のみの場合と「How ＋形容詞」の場合があることに注意！
(1) 主語の「状態・様子」を尋ねる how。「How ＋ be 動詞＋主語？」の語順です。
(2) 形容詞 old の「程度」を尋ねる how。「How ＋形容詞＋ be 動詞＋主語？」の語順です。How old で「(主語) はいくつ [何歳] ですか？」と「人」の年齢を尋ねる場合だけでなく、問題文のように「建物」や「施設」にも用いることができます。
(3) 動作 study の「方法・手段」を尋ねる how。疑問詞を文頭に置けば、後ろは普通の疑問文と同じ語順です。you studied Japanese → 疑問文 did you study Japanese。この形を疑問詞の後ろに続けるだけです。

[B] (1) How、old　(2) When、did　(3) How、long
　　(4) How、does　(5) Where、is　(6) How、is

(1) She's seven years old.（彼女は 7 歳です）から、how old で「何歳ですか？」と主語の年齢を尋ねる質問と判断できます。ただし、「人」に対しては、このようなプライベートな質問は極力避けた方が良いです。（訳：あなたの猫は何歳ですか？―彼女は 7 歳です）
(2) I met him two years ago.（私は彼に 2 年前に会いました）より、「いつ？」を尋ねる疑問詞 when と判断します。過去の文では、do/does は did になることも忘れないようにしましょう。（訳：あなたはいつマイケルに会いましたか？―私は 2 年前に彼に会いました）
(3) It's about 200 meters long.（それはおよそ 200 メートルの長さです）から、「橋の長さ」の程度を疑問詞 how で尋ねた形と判断します。「how long」と「how ＋形容詞」のセットにします。※返答文の long の位置に注意してください。「数字＋単位＋ long」の語順です。（この橋はどれくらいの長さですか？―それはおよそ 200 メートルの長さです）
(4) She usually walks to school.（彼女はたいてい歩いて通学します）から、「交通手段・方法」を疑問詞 how で尋ねたものと判断します。（訳：彼女はどのように通学していますか？―彼女はたいてい歩いて通学します）
(5) He's in the garden.（彼は庭にいます）から、疑問詞 where で彼の居場所を尋ねた形と判断します。（訳：トムは今どこにいますか？―彼は庭にいます）
(6) He's very busy these days.（このごろ彼はとても忙しいです）。問題 (5) との違いを確認しましょう。very busy は主語 he の「状態・様子」を示す言葉で、それを疑問詞 how で尋ねた形です。（訳：トムはお元気ですか？―このごろ彼はとても忙しいです）

**3.**

(1) (b)　(2) (c)　(3) (a)

> (1) 主語の「状態・様子」を尋ねる疑問詞 how。（**訳：今日の調子はどうですか？—いいよ、ありがとう**）
>
> (2)「方法・手段」を尋ねる疑問詞 how。（**訳：そこにはどうやって行けばいいんですか？—バスに乗れますよ**）
>
> (3)「程度」を尋ねる疑問詞 how。ここでは「期間の長さ」の程度を尋ねています。「How ＋形容詞（long）」でセットです。（**訳：あなたの夏休みはどれくらいありますか？—５日間です**）

**4.**

(1) (b)　(2) (b)

> (1)「How ＋形容詞」の後ろに「be 動詞の疑問文」の語順を続けます。(a) の that building is は普通の文（肯定文）の語順で、疑問文の語順になっていません。high（高い）の「程度」を疑問詞 how で尋ねた形です。（**訳：あの建物はどれくらいの高さですか？**）
>
> (2)「方法・手段」を尋ねる疑問詞 how。問題 (1) と同様に、(a) の you use this digital camera は疑問文の語順ではないので誤りです。（**訳：どのようにこのデジタルカメラを使いますか？**）

p. 197 〜 199

# Lesson 23 / Answer Key

## Lesson 22 の復習問題

(1) How　(2) What　(3) Where　(4) How　(5) When

> **Point** 疑問詞 how で「方法・手段」「状態・様子」「程度」を尋ねることができる！
>
> (1) She's very old.（とても年を取っていますよ）。old の「程度」を how で尋ねた形です。「年齢」を尋ねる how old です。（**訳：あなたの犬は何歳ですか？—とても年を取っていますよ**）
>
> (2) I'm listening to music.（私は音楽を聴いています）。現在進行形で、今進行中の動作を示しているので、疑問文も進行形を用いた形にします。具体的な動作の内容（音楽を聴いている）を疑問詞 what で尋ねたものです。※ listen to ...（…を聴く）（**訳：あなたは何をしているのですか？—私は音楽を聴いています**）
>
> (3) They're from New Zealand.（彼らはニュージーランド出身です）。「場所」を尋ねる疑問詞 where です。（**訳：彼らはどこの出身ですか？—彼らはニュージーランド出身です**）
>
> (4) I take a bus.（バスで行きます）。返答文は交通手段を表しているので、「方法・手段」を尋ねる疑問詞 how と判断します。（**訳：あなたはどうやって学校に行っていますか？—バスで行きます**）
>
> (5) Last June.（去年の６月です）。「時」を尋ねる疑問詞 when。what time は「時刻」を尋ねる表現です。（**訳：あなたはいつその仕事を得たのですか？—去年の６月です**）

## Lesson 23 の演習問題

### 1.

答えとスクリプト

(1) (d) How many stamps do you want? — Two, please.

(2) (c) How much are these shoes? — They are twenty dollars.

(3) (a) How's the weather? — It's raining.

(4) (b) Do you need any help? — No, thanks. I'm OK.

(1) Two, please.（[切手を] 2枚ください）。「How many ＋複数名詞」で「数」を尋ねることができます。I want two stamps. → I want [how many stamps]. → Do you want [how many stamps]? → How many stamps do you want? How many が文頭に移動する際は、名詞も一緒に連れて文頭に移動させます。（**訳：切手は何枚欲しいですか？—2枚ください**）

(2) They are twenty dollars.（それらは 20ドルです）。「金額」twenty dollars（20ドル）を how much で尋ねたものです。shoes（靴）のように 2つで 1組になる名詞は、複数形が基本です。（**訳：これらの靴はいくらですか？—それらは 20ドルです**）

(3) It's raining.（雨が降っています）。「天気」を表す訳さない it です。動詞 rain（雨が降る）を現在進行形にした形です。質問は、「天気」の「様子・状況」を尋ねる疑問詞 how を用いた疑問文です。（**訳：天気はどうですか？—雨が降っています**）

(4) yes/no で答える普通の一般動詞（need）の疑問文です。some（いくらかの、多少の）は、疑問文（または否定文）では any に変わることもポイントです。（**訳：何かお手伝いは必要ですか？—いいよ、ありがとう。大丈夫です**）

### 2.

[A] (1) ( Who lives in your ) house?

　　(2) The hotel ( doesn't have any rooms ) with twin-size beds.

　　(3) What day is it?

(1)「(誰) が…しますか・しましたか？」は「疑問詞 Who ＋一般動詞」の形です。疑問文を作る do/does/did は必要ありません。この疑問詞 who は、疑問文を作る疑問詞であると同時に、英文の主語でもあります。

(2) some は否定文では any になります。否定文の any は「まったく…ない」と解釈します。some/any の後ろに数えられる名詞が続く場合、原則として複数形（rooms）になることも覚えておきましょう。

(3) 曜日を尋ねる表現。この it は「時」を表し、日本語には訳しません。

[B] (1) What、time、it　(2) How、many、towels　(3) How、much　(4) How、is

　　(5) What's、date

(1) It's about five o'clock.（5時頃です）。what time を用いて「時刻」を尋ねた質問に対する返答です。この it は「時」を示す仮の主語で、日本語には訳しません。（**訳：何時ですか？**）

(2) She needs three towels.（彼女は 3枚のタオルが必要です）「数」を尋ねる「How many ＋複数名詞」の形です。「数」を尋ねる対象（towel）を複数形にして、how many の後ろに置くの

がポイントです。（訳：彼女は何枚タオルが必要ですか？）

(3) It's ten dollars. (10 ドルです)。「金額」を尋ねる How much is it? は、尋ねるものによって、is it の部分が変化します。(例)How much are those pictures?（あれらの絵はいくらですか？）（それはいくらですか？）

(4) It's cloudy but very hot. （曇りですがとても暑いです）。「天気」の「様子・状態」を尋ねる疑問詞 how です。cloudy but very hot の部分を how で尋ねた形です。it は「天気」（=the weather）を示し、日本語には訳しません。（訳：沖縄の天気はどうですか？）

(5) It's October 2nd. （10 月 2 日です）。「日付」を尋ねる表現です。what's は what is の短縮形です。2nd は second（2 番目）のことで、日付を表す場合にはこのような書き方がされることもあります。（訳：何月何日ですか？）

[C] (1) I don't have any money.　(2) Does Tom have any good friends?
　　(3) Who called you this morning?

(1) 一般動詞 have（…を持っている）の否定形は don't have です。さらに some は否定文では any となり、「まったく…ない」という意味になります。（訳：私はいくらかお金を持っています →私はまったくお金を持っていません）

(2) 一般動詞の疑問文「Do/Does ＋主語＋一般動詞の原形…?」です。ここでは主語が 3 人称単数の Tom（＝ he）なので、does になります。また some は否定文と同様、疑問文では any に変わることにも注意しましょう。（訳：トムには何人かの親友がいます→トムには親友はいますか？）※ some/any は漠然とした不定の「数・量」を示し、自然な日本語を考えた場合、訳さないことの方が多いです。

(3) 「（誰）が…しましたか？」は「疑問詞 Who ＋一般動詞の過去形」の形です。疑問文を作る did は不要で、一般動詞を原形に戻す必要もありません。（訳：今朝、誰があなたに電話をかけてきたのですか？）

p. 200 ～ 202

# まとめ問題 4 / Answer Key

いかがでしたか？　配点を設けてありますので、最後に採点し定着度を診断してみましょう。
※スペルミスは 1 点減点です。

**1.**(4点×5)
答えとスクリプト：
(1)　(d) What is she doing in the kitchen? — She's cooking some potatoes.
(2)　(c) How's the weather over there? — It's so cold.
(3)　(a) Where's your sister? — She's in Hokkaido.
(4)　(b) What time did you leave home this morning? — At 6 a.m.
(5)　(e) How many students do you have in your class? — About 40.

(1) [L. 15 / L. 20] What is she doing in the kitchen? — She's cooking some potatoes. (**訳：彼女はキッチンで何をしているの？─彼女はジャガイモを料理しています**)。

物事の内容を尋ねる疑問詞 what（何？）と、主語の進行中の動作を示す現在進行形を組み合わせたものです。What ＋ be 動詞＋主語＋ doing?（[主語] は何をしているの？）。この do は一般動詞で、「…をする」という意味です。この疑問文より、現在進行形で動作内容を表している（d）が正解と判断します。

(2) [L. 23] How's the weather over there? — It's so cold. (**訳：向こうの天気はどうですか？─とても寒いですよ**)。主語の様子や状況を尋ねる疑問詞 how（どんな感じ？）です。天気を尋ねている疑問文なので、天気を指す it が主語に用いられていて、形容詞 cold（寒い）が be 動詞の後ろにきている（c）が正解と判断します。so は very（とても）と同じ意味で、後ろの形容詞などを強調することができます。

(3) [L. 18 / L. 21] Where's your sister? — She's in Hokkaido. (**訳：あなたのお姉さん [妹さん] はどこにいるんですか？─彼女は北海道にいます**)。「場所」を尋ねる疑問詞 where（どこ？）。「be 動詞＋ in ＋場所」で「…にいる・ある」という意味になります。

(4) [L. 21] What time did you leave home this morning? — At 6 a.m. (**訳：今朝、家を何時に出ましたか？─午前 6 時です**)。具体的な「時刻」を尋ねる疑問詞 what time（何時に？）。leave home で「家を出る（出発する）」という意味になります。また this morning（今朝）は過去形でも用いることができます。

(5) [L. 23] How many students do you have in your class? — About 40. (**訳：あなたのクラスには何人の生徒がいますか？─約 40 人です**)。名詞の具体的な「数」を尋ねるには、「How many ＋複数名詞＋普通の疑問文？」の形を用います。これで「どれくらいの数の〜（名詞）を…？」という意味になります。※ about（およそ、約）

**2.**（1語につき4点×10）
[A]　(1) and、some　(2) that、or　(3) but、didn't　(4) How、much　(5) day、it

(1) [L. 19 / L. 23]「合体」を示す接続詞 and。A and B（A と [そして] B）。We went to the beach and (we) took some pictures. 主語が同じ場合、and の後ろの主語は通常省略します。「何枚か」は形容詞 some。後ろが数えられる名詞の場合は、「some ＋複数名詞」とします。

(2) [L. 19]「選択」を示す接続詞 or。A or B（A か [または] B）。英文のイントネーションに注意しましょう。Is that a temple (↗) or a shrine (↘)?

(3) [L. 16 / L. 19]「反対」を示す接続詞 but。A but B（A でも [しかし] B）。The boy went to the park but (he) didn't play there. 主語が同一の場合は、後ろの主語は省略します。didn't [did not] は、過去の動作（一般動詞の過去形）を否定する場合に用います。「…しなかった」。

(4) [L. 23]「金額」を尋ねる How much ...?（いくら？）。例えば、This shirt is $20.（このシャツは 20 ドルです）の $20 を how much で尋ねたものです。

(5) [L. 23] What day is it (today)? は、「今日の曜日」を尋ねる表現です。この it は形だけの主語で、「時」を示すものです。「日付」を尋ねる場合は、What's the date (today)?（今日は何月何日ですか？）となります。※ What day is ... の what は「何の」という意味で形容詞の働きになっていて、後ろの名詞（この問題では day）につながっています。本文では解説していない内容ですが、余裕があればこの what の働きも押さえておいてください。

(4点×4)

[B] （1）Tom and I didn't have any money then. （2）Who made this cake?
（3）She has some Japanese friends. （4）What's[What is] he doing?

（1）[L. 19 / L. 23] 過去形：Tom and I had some money then.（トムと私はそのときいくらかお金を持っていました）。had は一般動詞 have（…を持っている）の過去形です。過去形の否定は、「didn't ＋一般動詞の原形」（…しなかった）になります。また、形容詞 some（いくらかの）は否定文では any で言い換えられます。any を否定文（not ... any）で用いると、「まったく…ない」という解釈になるので注意が必要です。※副詞 then（そのとき）（**訳：トムと私はそのときお金を全く持っていませんでした**）

（2）[L. 23] My sister made this cake.（私の姉［妹］がこのケーキを作りました）。下線部の内容は「人」なので、それを質問するには疑問詞 who を用いると考えます。主語がそのまま who になる場合は、後ろの語順は変化しません。（**訳：誰がこのケーキを作ったのですか？**）

（3）[L. 09/ L. 13 / L. 23] 一般動詞の疑問文・現在形：Does she have any Japanese friends?（彼女は何人か日本人の友だちはいますか？）。これを肯定文に戻すと 2 箇所の変化があります。まず主語が she と 3 人称単数なので一般動詞 have は 3 人称単数・現在形の has になります。さらに、any は some になります。しっかり押さえましょう。（**訳：彼女は何人か日本人の友だちがいます**）

（4）[L. 15 / L. 20] 現在進行形：He's listening to music.（彼は音楽を聴いています）。1.（1）参照。is listening to music（音楽を聴いている）の部分、つまり進行中の動作の内容そのものを尋ねる場合は、what（何？）と一般動詞 do（…をする）とを組み合わせた What do/does ＋主語＋ do?（［主語］は何をするの？）を現在進行形にしたものを用います。What ＋ be 動詞＋主語＋ doing?（［主語］は何をしているのですか？）。（**訳：彼は何をしているのですか？**）

**3.**（3点×8）
（1）How （2）What （3）What （4）How （5）Whose （6）many （7）When （8）books

（1）[L. 23] the weather（天気）の様子を尋ねる疑問詞 how（どんな感じ？）。※副詞 too（…過ぎる）で、限度を超えた状況を表現できます。（**訳：京都の天気はどうですか？─ここは暑過ぎますよ**）

（2）[L. 20] 2.[B]（4）参照。動作の内容を尋ねる疑問詞 what。返答文の内容から「時」を尋ねているわけではないと判断し、when（いつ？）は不適切と考えます。（**訳：あなたたちは先週の土曜日、何をしましたか？─私たちは庭でバーベキューをしました**）

（3）[L. 21]「時刻」を尋ねる what time（何時？）。同じ「時」でも、（×）when time という言い方はありません。※ get to ...（…に着く）、p.m.（午後）。（**訳：何時にあなたはその駅に着きましたか？─午後 5 時です**）

（4）[L. 22] 主語の様子を尋ねる疑問詞 how（どんな感じ？）。返答文の内容から、「場所」を尋ねているわけではないと判断し、where（どこ？）は誤りと考えます。（**訳：今朝の調子はいかがですか？─う～ん、疲れていますね。徹夜で働いたんです**）

（5）[L. 20]「所有者」を尋ねる疑問詞 whose（誰の？）。返答文の my sister's の「アポストロフィー（ ' ）＋ s」は「…の」を意味しますが、ここでは「～のもの」と解釈しても OK です。この my sister's は、my sister's hats の hats が省略された形です。（**訳：あれらの帽子は誰のですか？─私の姉［妹］のものです**）

(6) [L. 03 / L. 22] 数えられる名詞の「数」を尋ねる how many。「how many ＋複数名詞」の形で用います。much は、金額など数えられないものに対して用います。(例)How much is it?(それはいくらですか?)。※ not ... any (全く…ない)。(**訳：あなたは何クラス受講しましたか？―いやぁ、僕は全く受講しなかったんです**)

(7) [L. 21]「時」を尋ねる疑問詞 when (いつ?)。how は「どのように?」と「方法・手段」を尋ねることができます。返答文の内容から、ここは不適切と判断できます。(**訳：そのチケットをいつ手に入れましたか？―先週です**)

(8) [L. 03 / L. 04 / L. 05 / L. 23] some の位置や後ろの名詞の形に注意。「some ＋形容詞＋複数名詞」。後ろが数えられる名詞の場合は、必ず複数形を用います。a good book (ある1冊の良い本) で冠詞 a が前に来たのと同様、some books に good を用いる場合、some は頭に移動する点に注意してください。(×) good some books ではありません。(**訳：私は何冊か良い本を持っています**)

# まとめ問題 4 定着度診断表

## Grade A　100点 ～ 86点

**まずは合格です！**
間違った個所をしっかり分析し、軽く復習したら、「全レッスン修了テスト」にチャレンジしてください！

## Grade B　85点 ～ 70点

**要復習です！**
残念ながら、「修了テスト」にチャレンジするにはまだ少し早いようです。もう一度すべての「まとめ問題」を解いて、間違った箇所、不安な箇所はしっかり復習しましょう。復習を通して自分の弱点をしっかり補強し、万全の状態にしてから、「全レッスン修了テスト」にチャレンジしてください！

## Grade C　69点以下

**残念！**
厳しいようですが、まだまだ「全レッスン修了テスト」を受ける段階ではないようです。「まとめ問題」の徹底復習はもちろんのこと、すべてのレッスンの演習を最初から解き直しましょう。復習が終わったら、このまとめ問題 4 に再チャレンジしてください！

# 全レッスン修了テスト / **Answer Key**

手ごたえはいかがですか? 配点を設けてありますので、最後に採点し、自己評価チェック表を参考に達成度を確認しましょう!
※スペルミスは 1 点減点です。

## **1.**(1点×4)
[A] (1) (c)　(2) (d)　(3) (a)　(4) (b)

> (1) [L. 15 / L. 23] It's raining now.（**訳：今、雨が降っています**）。「be 動詞＋動詞の ing 形」で、話し手の目の前で進行中の動作・出来事を表現したものです。
> (2) [L. 15] She uses a computer at work.（**訳：彼女は職場でコンピューターを使います**）。現在形で日常習慣を表現したものです。※ at work（仕事場で）
> (3) [L. 16] He finished his lunch.（**訳：彼はランチを食べ終えました**）。過去形 finished で過去の出来事を表現したものです。
> (4) [L. 15] He's playing the guitar.（**訳：彼はギターを弾いています**）。(1) と同じです。まさに今、進行中の動作を表現したものです。

(2点×3)
[B] (1) (c)　(2) (b)　(3) (b)

> (1) [L. 07 / L. 13 / L. 18 / L. 21]
> スクリプト：
> Man（男性）: Look! They are wild kangaroos. （見て！野生のカンガルーだよ）
> Woman（女性）: Yes, that's right. We don't see them in Japan.
> （ええ、そうね。日本じゃ見ないわね）
> Where are they? — They are in Australia.（**訳：彼らはどこにいますか？— オーストラリアにいます**）。選択肢から、「野生のカンガルー」を見ることができる場所（国）として、は Australia（オーストラリア）がもっとも適切と判断します。
>
> (2) [L. 10 / L. 16 / L. 22]
> スクリプト：
> W: How long did you work yesterday? （昨日はどれくらい働いたの？）
> M: About twelve hours. I got home very late.
> （約 12 時間だよ。帰宅したのはかなり遅かったよ）
> How long did he work yesterday? — For about twelve hours.（**訳：昨日、彼はどれくらい働きましたか？— 約 12 時間です**）。文脈より、「時」の長さを尋ねたものと判断できます。よって、時間の長さを表した (b) が適切と判断します。文法的には How many hours did he work yesterday? とすることもできますが、How long の方がより自然です。
>
> (3) [L. 13 / L. 14 / L. 17 / L. 23]

スクリプト：

W: Ken, let's go shopping together.（ケン、一緒に買い物に行きましょう！）

M: Sorry, I can't. I don't have any free time.

（ごめん、行けないんだ。ぜんぜん自由な時間がなくてね）

Does he have any free time? — No, he doesn't.（**訳：彼には自由な時間がありますか？— い
いえ、ありません**）。「Let's ＋一般動詞の原形」で「（話し手を含めて）…しましょう！」と提案
する表現になります。not ... any で「全く…ない」と完全に否定する意味になります。

（2点×5）

答えとスクリプト：

[C]　(1)　(e) Does your father eat breakfast every day? — Yes, he does.

　　　(2)　(b) How are you today? — I'm very sleepy.

　　　(3)　(c) Whose is this bag? — Oh, it's mine.

　　　(4)　(a) Did he stay home this afternoon? — No, he didn't.

　　　(5)　(d) Where are my glasses? — They are on the table.

(1)［L. 13 / L. 15］Does your father eat breakfast every day? — Yes, he does.（**訳：あなたの
お父さんは毎日朝食を食べますか？—はい、食べます**）。(4) との違いを確認。現在の習慣を尋
ねる「Do/Does ＋主語＋一般動詞の原形 …?」（[主語] は…しますか？）には、同じ do/does（現
在形）を用いた返答文を選べば OK です。この問題では、主語が your father = he（3 人称単数）
なので、does を用いています。

(2)［L. 07 / L. 22］How are you today? — I'm very sleepy.（**訳：今日の調子はいかがですか？
—とても眠いんですよ**）。疑問詞 how で「どんな感じ？」と主語の様子を尋ねたものです。

(3)［L. 08 / L. 11 / L. 20］Whose is this bag? — Oh, it's mine.（このカバンは誰のものですか？
—おっと、私のですよ）。疑問詞 whose で、「持ち主」を尋ねることができます。「所有者」を示
す mine（私のもの）が含まれる返答文を選べば OK です。

(4)［L. 16］Did he stay home this afternoon? — No, he didn't.（**訳：彼は今日の午後、家にい
ましたか？—いいえ、いませんでした**）。(1) と比較。過去の動作・出来事を確認する「Did ＋
主語＋一般動詞の原形 …?」（[主語] は…しましたか？）には、同じ did（過去形）を用いた返
答文を選べば OK です。

(5)［L. 18 / L. 21］Where are my glasses? — They are on the table.（**訳：私のメガネはどこ
ですか？—テーブルの上にありますよ**）。疑問詞 where で「場所」を尋ねることができます。「場
所」を示す on the table（テーブルの上に）を含む返答文が正解と判断します。

（2点×2）

[D]　(1) 213 509 8674　　(2) 14850 4939

(1) My phone number is 213-509-8674. 英数字：two one three - five o nine - eight six seven
four　※数字の 0 は zero [zíərou] とは発音せず、通常 o [ou] と発音します。

(2) My zip code is 14850-4939. 英数字：one four eight five o - four nine three nine

＊すべて L. 02 / L. 07 関連

## 2. (2点×5)

(1) cars　(2) These　(3) cook　(4) played　(5) studying

(1) [L. 02 / L. 03 / L. 05]「たくさんの」を意味する形容詞の表現 a lot of は、「a lot of ＋複数名詞または数えられない名詞」の語順で用います。car（車）は数えられる名詞なので、複数形 cars が正解です。数えられない名詞には複数形はありません。(**訳：彼は車庫にたくさんの車を所有しています**)

(2) [L. 02 / L. 08 / L. 11] 複数名詞 socks につながる this（この）も、複数形 these（これらの）にしなければなりません。too は副詞で、「…過ぎる」という意味です。too は、形容詞 small（小さな）を説明しています。代名詞 them は、名詞 these socks（これらの靴下）を言い換えたものです。※動詞 wear（…を着る）。(**訳：これらの靴下は小さ過ぎます。私は履けません**)

(3) [L. 17] 助動詞 can（…することができる）の後ろは、動詞の原形です。3 人称単数現在形 cooks は誤りです。(**訳：彼女は上手に料理ができます**)

(4) [L. 09 / L. 10 / L. 16] last Sunday（先週の日曜日）は過去のことなので、一般動詞 play（…する）は過去形 played（…した）になります。(**訳：私たちは先週の日曜日に、そこでゴルフをしました**)

(5) [L. 15] She's は She is の短縮形です。文末の now（今）より、現在進行形「be 動詞＋動詞の ing 形」を用いるのが自然と判断します。加えて、be 動詞の後に一般動詞が変化なく続くことは、文法上ありえません。(**訳：彼女は今、とても一生懸命に勉強しています**)

## 3. (1点×10)

(1) the　(2) Does　(3) her　(4) his　(5) an　(6) Where　(7) sugar　(8) an　(9) books　(10) much

(1) [L. 04 / L. 14]「どの窓のことを指しているのか」は、この文脈（相手に指示したり、お願いする状況）においては明らかです。このような特定の状況においては、the（その）を名詞の前に用いるのが自然です。問題のように、動詞の原形で始まる命令文「…しなさい」に please を用いると、丁寧な印象を表すことができます。please はこの問題文のように文頭で用いるか、コンマを please の前に付けて、文末で用います。(例) Close the window, please. (**訳：窓を閉めてください―いいですとも**)

(2) [L. 06 / L. 13] your sister ＝ she（彼女は）と 3 人称単数が主語の場合は、does を用いた疑問文になります。do は主語が he/she/it 以外の場合に用います。(**訳：あなたのお姉さん［妹］は日曜日に働きますか？**)

(3) [L. 06 / L. 12] 名詞 brother につながる所有を表す代名詞 her（彼女の…）です。she は主語を表す形なので不適切です。(**訳：あなたは彼女のお兄さん［弟］ですか？― いいえ、違います**)

(4) [L. 11 / L. 20]「所有者」を尋ねる疑問詞 whose（誰のもの？）を用いた疑問文に対しては、同じ所有者を示す形（ここでは his［彼のもの］）で答えます。「his ＋名詞」であれば「彼の…」と後ろの名詞を説明する代名詞になりますが、単独で用いた場合は、「彼のもの」という意味になります。his pens（彼のペン）＝ his（彼のもの）、her pens（彼女のペン）＝ hers（彼女のもの）。(**訳：あれらのペンは誰のものですか？― 彼のものです**)

(5) [L. 04 / L. 05 / L. 08]「形容詞＋名詞」でセットになっている場合、a/an は形容詞の頭の発音により使い分けられます。interesting は母音始まりなので、an が正解です。a/an は相手が知らないだろうと思われる新情報に用いるのが基本です。ここでは、聞き手が知らない「面白い本」という想定で an を用いたと考えます。(**訳：これは面白い本です**)

(6)［L. 18／L. 21］「場所」が返答文になっているので、疑問詞 where（どこ？）が正解です。「主語＋be動詞＋場所を示す表現」で、「（主語）は…にいる」という意味になります。**（訳：あなたはどこにいますか？― 東京にいます）**

(7)［L. 03／L. 13］ sugar（砂糖）は数えられない名詞です。数えられない名詞に不定冠詞 a/an は使いません。※動詞 take ...（…を取る）は、問題では「（調味料を）使う」という意味で用いられています。**（訳：紅茶にお砂糖を入れますか？― はい、お願いします）**

(8)［L. 01］母音で始まる名詞（apple）には an を用います。**（訳：私は朝食にリンゴを食べます）**

(9)［L. 01／L. 02／L. 04］数えられる名詞（book）は、1語だけで用いることはできません。a book であれば、文法的に正しくなります。ただし、一般的な話をする場合、「ある1冊の本」に限定して読書をするわけではないので、通常、不特定多数を示す無冠詞の複数名詞 books を用います。（例）「私は動物が好きです」（○）I like animals. （△）I like an animal. ※ an animal（ある1匹の動物）だけを好むのは不自然です。**（訳：私はパソコンで本を読みます）**

(10)［L. 03／L. 05／L. 16］「たくさん」を意味する形容詞 much/many。後ろの名詞のタイプに注意しましょう。information は数えられない名詞です。「much＋数えられない名詞」と、much は数えられない名詞を説明する形容詞です。many は数えられる名詞を説明します。「many＋複数名詞」。much や many を否定文で用いると（not ... much/many）、「あまり…ない」という意味になります。**（訳：私はあなたの国についてあまりたくさんの情報を持っていませんでした）**

## 4. (1語につき2点×13)

[A] (1) Many、students、here　(2) Don't、be　(3) a、boy　(4) washes、new
　　(5) How、long　(6) in、after

(1)［L. 02／L. 05／L. 16］形容詞「たくさんの」を表すには、後ろが数えられる名詞であれば many または a lot of を用います。ここでは、空欄の数から「many＋複数名詞」と判断します。単数形 student は複数形 students になります。複数形パターンもしっかり復習しておきたいですね。came は come（来る）の過去形（不規則変化）です。

(2)［L. 14］「…しないで」という意味の否定の命令文は、「Don't＋動詞の原形」になります。ここはもともと You are sad.（あなたは悲しんでいる）の英文が変化したものです。are の原形は be です。

(3)［L. 01／L. 04／L. 16］「男の子」を表す boy は、数えられる名詞の単数形です。この場合、1語で用いるのは不可で、boy の前には必ず a/an/the などの冠詞が必要です。ここでは「1人の／ある」とあり特定の男の子を指しているわけではないので、a で OK です。then は「そのとき」という意味の副詞で、過去形と一緒に用いることができます。met は動詞 meet（…と出会う）の過去形です。

(4)［L. 05／L. 06／L. 09／L. 15］「洗います」は現在の習慣を述べたものなので、一般動詞の現在形 wash を用います。ただし、ここは主語が she と3人称単数なので、動詞の語尾に s/es を付けます。wash のような語尾が sh で終わる動詞には、es を付けます。「新しい」を表すには、形容詞 new を名詞 washing machine（洗濯機）の前に置きましょう。「冠詞（a/an/the）＋形容詞＋名詞」の語順で用います。※代名詞 their は his/her/its の複数形で、「彼らの・彼女たちの・それらの」という意味です。

(5)［L. 16／L. 22］「時間の長さ」を尋ねるには、疑問詞表現 how long を文頭に置いた疑問文を作ります。「How long＋普通の疑問文」の語順。

(6) [L. 09 / L. 18]「…の中で」と「場所」を示す前置詞は in を、「…の後で」と「時」を示す前置詞は、after を用います。※ after の反意語は before（…の前に）です。（例）before lunch（昼食前に）

(3点×6)

[B] (1) Ann likes sports very much.　(2) You studied very hard yesterday.

(3) Our children are playing with some toys.　(4) Can you sing very well?

(5) Does she sometimes help you?　(6) He didn't go to the island last year.

(1) [L. 06 / L. 09 / L. 10] 現在形：You like sports very much.（あなたはとてもスポーツが好きです）。Ann（アン）= she（彼女は）です。主語が 3 人称単数形であれば、動詞の語尾に s/es を付けた形で現在形を表します。ここは、s のみを付けた基本形です。※ very much は「非常に」という意味で、like の度合いを強調する副詞の表現です。※「スポーツ」の単数形は sport です。問題文では、総称としての「一般的なスポーツ」を表すために、複数形 sports になっています。（**訳：アンはスポーツが大好きです**）

(2) [L. 10 / L. 16] 現在形：You study very hard.（あなたはとても一生懸命に勉強します）。study のように語尾が「子音字＋y」であれば y を ied に変えれば過去形になります。yesterday（昨日）は過去形と一緒に用いる副詞です。（**訳：あなたは昨日、とても一生懸命に勉強しました**）

(3) [L. 15] 現在形：Our children play with some toys.（私たちの子どもはおもちゃで遊びます）。「be 動詞＋動詞の ing 形」で、今、進行中の動作を表現する現在進行形になります。※ children は、名詞 child（子ども）の複数形です。（**訳：私たちの子どもたちはおもちゃで遊んでいるところです**）

(4) [L. 17] You can sing very well.（あなたはとても上手に歌えます）。「…することができる」という意味を一般動詞に加える助動詞 can です。主語と can の位置を反対にすれば、疑問文となります。be 動詞の英文を疑問文にするときと同じ要領です。※ can の否定形「…できない」は、can't または cannot です。（×)can not とはしません。（**訳：あなたはとても上手に歌えますか？**）

(5) [L. 09 / L. 13] 現在形：She sometimes helps you.（彼女は時々あなたを手伝ってくれます）。主語が 3 人称単数で一般動詞の語尾に s/es（3 人称単数現在形）が付く英文の疑問文は、「Does ＋主語＋一般動詞の原形 …?」になります。副詞 sometimes（時々）の s を取らないように注意しましょう。（**訳：彼女は時々あなたを手伝ってくれますか？**）

(6) [L. 16] 過去形：He went to the island last year.（彼は去年、その島に行きました）。went は go の過去形です。過去の否定文は、「didn't[did not]＋一般動詞の原形」で表します。（**訳：彼は去年、その島に行きませんでした**）

(2点×6)

[C] (1) Is he at home? ※ am は不要　(2) My father isn't busy.　※ doesn't は不要

(3)（ How many DVDs did you watch ）this summer? ※ what は不要

(4)（ What are you doing on ）the chair? ※ do は不要

(5)（ He teaches Japanese in ）the morning every day. ※ teachs は不要

(6) My cat is（ usually under the ）table. ※ in は不要

(1) [L. 12 / L. 18]「be 動詞＋主語」の順にすれば疑問文になります。be 動詞 is/am/are の形は、主語で決まります。主語が he/she/it のいずれかであれば、be 動詞は is です。※ at home（在

宅して)。(訳：彼は家にいますか？)

(2) [L. 07 / L. 12]「主語＋be動詞＋形容詞（busy）・名詞」で主語の様子や状況を表します。問題はその否定形「be動詞＋not」です。doesn't は一般動詞の否定文に用いるもので、be動詞の英文では用いません。(**訳：私の父は忙しくありません**)

(3) [L. 02 / L. 16 / L. 23] 名詞 DVD の「数」を尋ねる表現。「How many ＋複数名詞（DVDs）」を文頭に置き、後ろは過去形の疑問文「did ＋主語＋一般動詞の原形 …?」となります。(**訳：この夏、あなたは何枚 DVD を見ましたか？**)

(4) [L. 15 / L. 20]「今、何をしているのか？」と、進行中の動作の内容を疑問詞 what で尋ねたものです。You are doing [?]. (あなたは [?] をしています) → You are doing [what]. → Are you doing [what]? → What are you doing? ※ on ... で、「…の上で」と「場所」を示す前置詞を用いた語句となります。(**訳：イスの上で、あなたは何をしているのですか？**)

(5) [L. 06 / L. 09] 主語が3人称単数（ここでは he）で現在時制を表す場合、一般動詞の語尾に s/es を付けます。3人称単数現在形の s/es ですね。teach のように語尾が ch で終わるものは es を付けます。よって、(×)teachs は誤りで（○)teaches を用います。※ in the morning (午前中に)。(**訳：彼は毎日、午前中に日本語を教えています**)

(6) [L. 10 / L. 18] 前置詞 under ... は「…の下に」。be動詞＋ under the table (そのテーブルの下に) で、主語の存在する「場所」を表現したものです。頻度を示す副詞 usually (たいてい、いつも) は、通常 be動詞のすぐ後ろに置きます。※ be動詞＋ usually ... (たいてい…です)。(**訳：私のネコは大抵そのテーブルの下にいます**)

# 全レッスン修了テスト 自己評価チェック

## Grade A　100点 〜 90点

**基礎固めができました！**
日常会話に必要な文法力の基礎固めが完了しました。次につながる基礎知識を十分に養うことができましたね。この調子で、語学マスターへの道を着実に一歩ずつ進んでいってください！

## Grade B　89点 〜 80点

**まずは合格です！**
詰めの甘さがまだ残るものの、致命的な理解不足はないようです。間違えた個所が単なるケアレスミスか、あるいは理解不足によるものなのか、まずは分析をしてみましょう。その後、弱点をしっかりと復習し、本書で挙げた超必須ポイントを完ぺきにマスターしてください。基礎固めまであと一歩です！

## Grade C　79点 〜 60点

**合格まであと一歩！**
不安要素をまだまだ残しているようです。得意分野の復習と並行して、苦手分野のレッスン解説を精読したら、すべての演習問題に再チャレンジしてください。また、問題に正解するだけでなく、演習の解説も自分でできるレベルを目指しましょう。そうすれば、自然とレベルは上がっていくはずです。一通りの復習が終了したら、もう一度「全レッスン修了テスト」にトライしましょう。

## Grade D　59点以下

**残念！　不合格です！**
まだまだ弱点分野の占める割合のほうが大きいようです。新しく学ぶ気持ちで、最初から本書をやり直してみましょう。最初からというのもなかなかキツイですが、ここまでの努力を無駄にしないために、どうかあきらめないで再チャレンジしてください。結果は必ずついてきます！